Haftungsausschluss:

Die Ratschläge im Buch sind sorgfältig erwogen und geprüft. Alle Angaben in diesem Buch erfolgen ohne jegliche Gewährleistung oder Garantie seitens des Autors und des Verlags. Die Umsetzung erfolgt ausdrücklich auf eigenes Risiko. Eine Haftung des Autors bzw. des Verlags und seiner Beauftragten für Personen-, Sach- und Vermögensschäden oder sonstige Schäden, die durch die Nutzung oder Nichtnutzung der Informationen bzw. durch die Nutzung fehlerhafter und/oder unvollständiger Informationen verursacht wurden, ist ausgeschlossen. Verlag und Autor übernehmen keine Haftung für die Aktualität, Richtigkeit und Vollständigkeit der Inhalte und ebenso nicht für Druckfehler. Es kann keine juristische Verantwortung und keine Haftung in irgendeiner Form für fehlerhafte Angaben und daraus entstehende Folgen vom Verlag bzw. Autor übernommen werden.

Sollte diese Publikation Links auf Webseiten Dritter enthalten, so übernehmen wir für deren Inhalte keine Haftung, da wir uns diese nicht zu eigen machen, sondern lediglich auf deren Stand zum Zeitpunkt der Erstveröffentlichung verweisen.

Bibliografische Informationen der Deutschen Nationalbibliothek

Die Deutsche Nationalbibliothek verzeichnet diese Publikation in der Deutschen Nationalbibliografie; detaillierte bibliografische Daten sind im Internet über http://dnb.dnb.de abrufbar.

1. Auflage 2024

Projektmanagement: Melanie Krauß
Lektorat und Korrektorat: Stefanie Aust, Markus Czeslik, Luise Hartung
Umschlaggestaltung: Verena Klöpper
Grafik Cover: Verena Klöpper
Satz und Layout: Verena Klöpper
Abbildungen im Innenteil: © Jens Heuchemer

ISBN Print: 978-1-960004-37-6
ISBN E-Book: 978-1-960004-38-3

www.remote-verlag.de

JENS HEUCHEMER

MENTALE STÄRKE UND RESILIENZ

Vom Stress zur Stärke:
Wie du innere Ruhe findest,
dein Selbstbewusstsein stärkst
und deine Ziele erreichst

www.remote-verlag.de

Danksagung

Danke an dich, Papa. Du hast mir von klein auf immer und immer wieder eine Sache gesagt: »Jens, du kannst später einmal machen, was du willst. Es ist vollkommen egal. Aber das, was du machst … mach es richtig oder lass es bleiben.«

Danke für all deine Unterstützung in all den Jahren und dafür, dass du stets an meine Vorhaben geglaubt hast.

Hinweis:

Ich verwende in diesem Buch das generische Maskulinum. Nicht aus Respektlosigkeit oder ähnlichen Gründen, sondern einfach, weil es sich über Jahrzehnte bewährt hat und einen klaren sowie leichten Sprachgebrauch ermöglicht. Wenn du dich allein von Wortendungen getriggert fühlst, lege ich dir sogar sehr ans Herz, dieses Buch zu lesen! Doch falls dieser Sprachgebrauch nicht mit deiner Realität vereinbar ist, rate ich dir im Vorfeld vom Weiterlesen dieses Buches ab und wünsche dir dennoch von Herzen das Beste.

INHALT

KAPITEL 0

WILLKOMMEN IN DER WELT DER MENTALEN STÄRKE

»Mentale Stärke bedeutet die Kontrolle deiner Realität.«

- Jens Heuchemer

Mentale Stärke ist der Schlüssel für ein Leben oberhalb der Norm. Das funktioniert allerdings nicht so, wie du es aus manchen Social-Media-Beiträgen kennst, in denen ein Löwe und ähnlich dominante Metaphern abgebildet sind und die dir damit suggerieren, dass du wie ein pelziges Tier sein sollst.

Ein Leben oberhalb der Norm ist auch in Leichtigkeit durch mentale Stärke möglich. Nicht etwa, wie es dir die Pendant-Gruppe zu den Löwenanhängern vorlebt und zeigt, wie du zwischen Kristallen unrhythmisch klatschend im Kreis sitzt. Nein, mentale Stärke ist deswegen der Schlüssel zu einem Leben oberhalb der Norm, weil du es trainieren kannst. In den Aspekten deines Lebens, die trainierbar sind, hast du die Chance, Meisterschaft zu erlangen und somit Ungeahntes zu erreichen!

Je mehr du die Inhalte aus diesem Buch durchgehst und vertiefst, desto mehr Veränderungen wirst du in deinem Leben erfahren. Du wirst zudem erkennen, dass die neuen Resultate, die sich dadurch ergeben, kein »One-Night-Stand« sind, sondern sich zu einer regelrechten Normalität in deinem Leben entwickeln werden.

Im Titel dieses Buches befindet sich das Wort »Resilienz«. Der Begriff beschreibt die Fähigkeit, eine schwierige Phase in deinem Leben ohne große Folgeschäden überstehen zu können. So dramatisch es klingt, so unspektakulär ist Resilienz jedoch im Endeffekt. Du wirst im Laufe dieses Buches genau verstehen, was ich damit meine! Resilienz ist das, was viele Menschen anstreben, und vielleicht war es auch der Grund, warum du dich für dieses Buch entschieden hast. Ich werde jedoch nur zwischendurch auf dieses Wort und die daraus entstehenden Vorteile eingehen. Denn letztendlich ist eine hohe Resilienz nichts weiter als die logische Konsequenz einer großen mentalen Stärke! Sie ist ein wirklich bemerkenswerter Teil von dir, der durch mentale Stärke entsteht. Damit du jedoch den vollen Umfang von all dem erfassen kannst, spreche ich hauptsächlich über das Fundament selbst.

Mental stark zu sein bedeutet nicht, auf den Tisch zu hauen, wenn dir etwas nicht passt, oder in der Lage zu sein, andere Menschen in die Schranken zu weisen. Vielmehr zeigt mentale Stärke, dass du gelernt hast, deinen Verstand, also den Ort, an dem deine Realität entsteht, vollends zu kontrollieren. Demnach ergibt sich aus mentaler Stärke die wohl fundamentalste und wichtigste Fähigkeit, die wir Menschen als Benefit für unser Leben erfahren können.

Sie sorgt dafür, dass wir ein unfassbares Selbstbewusstsein erreichen und Selbstvertrauen aufbauen, wo wir uns vorher nicht einmal getraut haben, hinzuschauen. Sie hilft dabei, massiven Erfolg im Job oder im eigenen Business zu haben, eine erfüllende und stabile Beziehung zu führen oder tiefe innere Ruhe zu finden, selbst wenn die Welt um uns zusammenzubrechen scheint. Mentale Stärke hilft dabei, dass es deinem Körper gut geht und deine Gesundheit ein normaler Begleiter im Alltag ist. Sie sorgt dafür, dass wir das Leben aufbauen können, nach dem wir uns insgeheim schon lange sehnen, von dem wir aber bis jetzt nie wussten, wie wir es realisieren können.

Ich schreibe dies, weil den meisten Menschen nicht einmal ansatzweise bewusst ist, was eine hohe mentale Stärke für sie bewirken wird! Denn die Ausprägung dieser Fähigkeit bestimmt schlichtweg die Qualität deines gesamten Lebens. Wenn wir dies herunterbrechen, bedeutet es, dass wir damit unser eigenes Leben wahrhaftig selbst gestalten können! Aus diesem Grund setzen wir direkt bei dem Punkt an, der die größten Auswirkungen auf jeden einzelnen Lebensbereich hat. Du wirst mit der Umsetzung der Inhalte dieses Buches erfahren, wozu du wirklich imstande bist.

Ich weiß, das klingt in erster Linie wie ein Kalenderspruch, der auf manchen Social-Media-Plattformen mit glitzernd animierten Bildern gepostet wird. Sehr beliebt sind hier Katzen, Schmetterlinge und Delfine! Doch ich will dir versichern: Dieses Buch wird dir viel mehr als 08/15-Sprüche mitgeben. Es wurde nur aus einem Grund geschrieben: damit du Schritt für Schritt lernst, die mentale Stärke zu erreichen, die du benötigst, um deine Realität nach deinen Wünschen zu erschaffen.

Die in diesem Buch vorgestellte Methode ist simpel. Sie wird jedoch, obwohl sie so leicht umzusetzen ist, als kontrovers angesehen, denn sie lässt schlichtweg keine Ausreden mehr zu. Wie du vielleicht bereits festgestellt hast, ist in der heutigen Gesellschafft das Finden von Ausreden zum nationalen Leistungssport geworden. Dein Ego wird sich im Laufe dieses Buches nicht nur einmal zu Wort melden. Besonders laut wird es, wenn du eine einfache Lösung für eines deiner »größeren« Probleme erhältst. Denn wenn eine solche Lösung neue Resultate für dich bringen würde, müsstest du dir eingestehen, dass all dein Leid und »Struggle« der vergangenen Monate oder sogar Jahre vollkommen überflüssig und selbst gemacht waren. Denn in diesem Fall hätte es ja auch einfach gehen können. Bei solchen Erkenntnissen ist unser Ego bockig wie ein alter Esel. Genau aus diesem Grund wird **Leichtigkeit** oft nicht für voll genommen – nicht, weil sie nicht wertvoll ist, sondern weil die meisten Menschen so sehr mit ihrem Ego identifiziert sind, dass sie Leichtigkeit wie eine nervige Fliege abends auf der Couch mit einer kurzen Handbewegung wegjagen.

Ich will dich in diesen Punkten sogar noch bestärken! Immer, wenn sich dein Ego beim Lesen dieses Buches meldet, weißt du, dass dies ein guter Ansatz ist. Er sorgt dafür, dass du weiter zu deiner Stärke findest und dich aus den Fängen deines falschen Selbst befreist.

Auch Überzeugungen, von denen du lange geglaubt hast, dass sie absolut wahr sind, werden in diesem Buch auf die Probe gestellt. Ich gebe dir hiermit offiziell die Einladung, dich auf diese Trigger-Party einzulassen, auch wenn die Musik nicht unbedingt deinen Geschmack trifft. Fälle dein Urteil, nachdem du die Methode ausgiebig in der Praxis getestet hast! Ja, ich will dich sogar einladen, bereits jetzt eine bestimmte Sache zu tun. Forme einmal mit deiner rechten Hand mit Daumen und Zeigefinger einen Kreis. Und jetzt auch mit der linken Hand. Führe diese beiden dann zusammen und setz dir damit eine »Brille« auf. Das ist die »Was-wäre-wenn-Brille«. Du trägst sie jetzt imaginär, während du dieses Buch liest, als wenn du frisch verliebt wärst und die ganze Welt durch die sprichwörtliche rosarote Brille sehen würdest. Sie hilft dir, deinen Geist stets offen zu halten und den Dingen mit der Neugierde eines Kindes gegenüberzustehen, auch wenn sie dich triggern! Denn die

Brille unterstützt dich dabei, dir selbst immer wieder die Frage zu stellen: Was wäre, wenn es wirklich so ist? Was ist, wenn es wirklich so einfach gehen kann?

Auch wenn es in den ersten Zeilen dieses Buches so klingen mag, als ob ich dich nur mit spitzzüngigen Aussagen ärgern wollte, so kann ich dir versichern: Das ist definitiv nicht der Fall. Ich habe ein Ziel, und das besteht darin, dein Denken herauszufordern! Denn letztendlich ist dies das Einzige, was ich wahrhaftig für dich tun kann – dein Denken so auf die Probe zu stellen, damit du für dich eine neue Realität erschaffst. Du wirst im Laufe dieses Buches vollends verstehen, wie tiefgreifend dieses Ziel tatsächlich ist. Deswegen versichere ich dir, dass ich beim Schreiben stets ein Lächeln auf den Lippen habe. Nicht nur, weil ich weiß, was dieses Buch für dich bewirken wird, wenn du es nicht nur liest, sondern ernsthaft anwendest, sondern auch, weil ich diese Zeilen aus vollem Herzen schreibe. Ich verspreche dir, dass ich mit jedem einzelnen Wort, das du in diesem Buch liest, dein Bestes will! Egal wer du bist – auch wenn wir uns vielleicht niemals persönlich kennenlernen werden: Du hast es von Grund auf verdient, ein echt krass erfülltes Leben zu führen. Dieses Buch ist meine Art, dich dabei möglichst effektiv zu unterstützen.

Wenn du der Methode aus diesem Buch folgst, wenn du beginnst, sie zu verstehen und zu beherrschen … ja, wenn du sie sogar nach einiger Zeit meisterst, wirst du erfahren, wie deine Gedanken wahrhaftig und unverkennbar deine Realität bestimmen. Ich bin mir sicher, dass du diesen Satz schon unzählige Male gelesen hast: »Deine Gedanken erschaffen deine Realität.« Doch ich will es nicht bei diesem hochtrabenden Satz belassen. Stattdessen habe ich es mir mit diesem Buch zur Aufgabe gemacht, dir die Fähigkeit der mentalen Stärke nahezubringen, damit du sie bewusst umsetzen kannst. In all den Jahren bei meiner Arbeit als

Coach, Speaker und Autor habe ich immer in dem Dreiklang **Verstehen – Erkennen – Erfahren** gearbeitet.

Ich erzähle dir somit nicht irgendetwas von der Stange, sondern zeige es so auf, dass du es nachvollziehen kannst. Denn sobald du es rational **verstehst**, beginnst du, es in immer mehr Ansätzen deines Lebens zu **erkennen**. Dadurch baut sich ein wachsendes Momentum auf, das dafür sorgt, dass du die Methoden des Buches immer bewusster, als emotionale **Erfahrung**, in deinen Alltag integrieren kannst. Du wirst selbstbewusster, resilienter, innerlich ruhiger, baust mehr Selbstvertrauen auf, wirst emotional stabiler, klarer in deiner Kommunikation und erreichst deine Ziele schneller. Dabei ist egal, worum es sich handelt: ob Geld, Partnerschaft, körperliche Fitness, Freiheit oder ob du endlich wieder das Gefühl haben möchtest, die Zügel selbst in der Hand zu halten. Das komplette Spiel wird in deinem Verstand entschieden. Und wenn du lernst, dieses Spiel effektiv zu spielen, wird alles andere leicht. Dieses Buch ist dein Spielplan.

Du wirst ebenfalls erkennen, warum es bei den meisten Menschen nie so richtig klappt, und auch, was sie Grundlegendes tun, um niemals das zu erreichen, was sie eigentlich wollen. Sei es, dass sie seit Jahren eine erfüllte Beziehung suchen, aber stets an die nächste Vollkatastrophe geraten. Sei es, dass sie eine Business-Idee nach der anderen gegen die Wand fahren und kaum noch »Kraft« haben, die nächsten Schritte zu tun. Oder dass sie durch eine Odyssee biblischen Ausmaßes von einer Krankheit in die nächste gelangen und einfach keinen Ausweg finden. Oder dass sie sich von ganzem Herzen nach einem erfüllten Leben in Freiheit sehnen. Doch der morgendliche Weg zur Arbeit in der überfüllten U-Bahn lässt sie daran zweifeln, dass wir Menschen tatsächlich die Krone der Schöpfung sein sollen.

Eine der grundlegenden Motivationen, dieses Buch zu schreiben, bestand darin, dir, ja, genau dir, zu sagen, dass mentale Stärke besser ist als mentale Schwäche. Ich weiß, das ist schockierend! Doch wenn ich mich in der Szene der Persönlichkeitsentwicklung, Spiritualität oder allgemein in der Gesellschaft umschaue, scheint mentale Schwäche richtig zur Mode geworden zu sein. Versteh das nicht falsch! Über Schwächen reden zu können und nicht die damit verbundenen Emotionen wie einen schleimigen Brocken herunterzuschlucken, ist eine verdammt wichtige Fähigkeit! Doch es scheint Trend zu sein, sich in seinen Schwächen zu suhlen, sie auf ein Podest zu stellen und ihnen Lammopfer darzubieten. Die gesamte Energie wird lediglich darauf verwendet, das Problem bei sich zu behalten, anstatt es zu lösen. Das ist auch verständlich, denn wenn du von den Menschen in deinem Umfeld ständig Aufmerksamkeit geschenkt bekommst, während du über dein Leiden sprichst, fühlt sich das gut an. Wir Menschen brauchen ein gewisses Maß an Anerkennung und Aufmerksamkeit. Und für viele ist es einfach die größte Errungenschaft der letzten Monate, dass sie eine eher dämliche Entscheidung aus dem Affekt heraus getroffen haben und nun mit den Konsequenzen in einem sprichwörtlichen Kampf leben müssen. Warum sollten sie das aufgeben? In manchen Kreisen ist es eine wahre Heldengeschichte, sich durch eine Situation zu kämpfen, die man schlichtweg **selbst** verursacht hat. Die große Gefahr hierbei liegt jedoch einfach darin, durch den Kampf gegen das, was sie vorher selbst erschaffen haben, die Bestätigung für das zu bekommen, was sie letztendlich glauben. Dass das Leben ungerecht und unfair ist. Oder dass es bei allen anderen leicht ist, nur bei einem selbst nicht. Ich nenne das Kind mal liebevoll »Inzuchtsbestätigung« bzw. »Inzuchtsgedanken«. Wir alle wissen, wie diese Geschichten enden. Damit will ich dir Folgendes mitgeben: Mentale Stärke ist kein Verbrechen, auch wenn es momentan in der Gesellschaft so wirkt.

Es klingt vielleicht so, als ob ich wahllos mit einem mentalen Vorschlaghammer auf diejenigen draufhaue, die es womöglich nicht so leicht haben. Doch glaub mir: Du wirst, wenn du der Methode und dem Prozess dieses Buches folgst, Stück für Stück erkennen, was ich mit all diesen Aussagen meine und warum solch eine Gefahr in dem Trend der Huldigung mentaler Schwäche liegt! Du wirst auch erkennen, wie selbst solche Menschen ihr Leben verändern können, wenn sie es sich selbst erlauben und das Buch ernsthaft lesen sowie umsetzen. Fakt ist, dass die meisten Probleme keine echten Probleme sind und einfach durch mentale Schwäche hervorgerufen werden! Stell dir eine Welt vor, aus der mit einem Schlag 80 Prozent aller Probleme einfach verschwinden, nämlich jene, die es von Natur aus nicht gibt und nur durch Menschen und ihre schöpferische Kraft kreiert wurden. Denn dies würde geschehen, wenn mentale Stärke eine weitverbreitete Fähigkeit wäre.
Der provokante Ansatz, den du unschwer bis zu diesem Punkt schon erkannt hast, wurde auch gewählt, weil er dein destruktives Denken am schnellsten unterbricht und zulässt, dass du dich für neue Möglichkeiten öffnest. Dieses Konzept fordert Denkweisen, die sehr stark trainiert sind, am meisten heraus. In diesem Buch bekommen viele ihr Fett weg! Falls du dich also zwischendurch, wie bereits angekündigt, getriggert fühlst, genieß es und ruf dir in Erinnerung, dass ich es nicht böse meine.

Die Methode in diesem Buch ist für jeden und wird für jeden funktionieren! Jeder, der sie ernsthaft anwendet, verinnerlicht und kultiviert, wird den positiven Effekt sehr, sehr schnell bemerken! Wie lange versuchst du bereits, große Veränderungen in deinem Leben herbeizuführen? Es ist gut möglich, dass es nicht an dem liegt, **was** du tust, sondern daran, **wie** du es tust, denn das »**Wie**« ist auf lange Sicht wichtiger als das »**Was**«!

Damit die im Buch vorgestellte Methode auch für dich funktioniert, brauchst du keine besondere Vorgeschichte. Ob du es glaubst oder nicht: Das Datum und die Uhrzeit deiner Geburt sind vollkommen irrelevant. Selbst, wie heute die Sterne und der Mond stehen, ist vollkommen egal. Demnach sind die Methode und die Meisterung deiner mentalen Stärke sowie die daraus resultierende Kontrolle deiner Realität absolut erlernbar.

Egal welche Geschichte dein Leben bis jetzt geprägt hat: Solange du denken kannst, wird die Methode dieses Buches für dich funktionieren! Und falls sich dein Ego jetzt das erste Mal mit dem folgenden Satz gemeldet hat: »Naja, davon bin ich noch nicht überzeugt!«, dann weißt du, dass du auf dem richtigen Weg bist! Du brauchst für diese Methode auch nicht einmal intelligent zu sein. Denn glaub mir, das bin ich auch nicht! Ich habe im Laufe der Zeit einfach die Fähigkeit entwickelt, komplexe Dinge ganz simpel herunterzubrechen. Unter uns: Nur so konnte ich damals das Abitur schaffen. Doch das hat mir den Weg geebnet, im Coaching und Speaking seit so vielen Jahren mit den tollsten Menschen zu arbeiten und mit ihnen gemeinsam unfassbare Resultate hervorzubringen. Es ermöglichte mir, mein erstes Buch zu schreiben, in dem ich komplexe Themen der Persönlichkeitsentwicklung und Spiritualität in Form eines wunderschönen Romans mit einer Abenteuergeschichte durch Irland leicht verdaulich behandelt habe. Such einfach nach meinem Buch: »**Your Answer. Eine Geschichte über die Magie des Lebens**«, wenn du solche Lektüren magst. Denn wie heißt es so schön: Wenn du das, was du tust, nicht einem vierjährigen Kind erklären kannst, dann hast du es noch nicht richtig verstanden.

Die Fähigkeit der mentalen Stärke zu erlernen, kostet dich nichts, wird dir aber alles ermöglichen, wonach du dich sehnst. Und das werde ich dir im Laufe dieses Buches sogar beweisen! Auch wenn es dir vielleicht nicht immer so vorkommen mag, aber das Leben ist im Grunde unfassbar einfach und wird schlichtweg nur durch unsere destruktive Art, Realität zu erschaffen, verdammt kompliziert und schwerfällig gemacht. Jeder, der dich von etwas anderem als der Einfachheit des Lebens überzeugen will, versucht lediglich, dich in sein mentales Konstrukt oder System zu ziehen. Mein höchster Wert ist Leichtigkeit, dicht gefolgt von Freiheit. Genau das soll dir dieses Buch helfen zu erreichen: wahre Leichtigkeit und Freiheit im Leben zu erfahren. Denn diese kommen in ihrer reinen Form ohne das schwere Gepäck von solchen Systemen oder mentalen Konstrukten daher.

Das Einzige, was passieren kann, ist, dass du während der Lektüre dieses Buches nicht immer alles direkt zu 100 Prozent erfasst. Ja, vielleicht sind bereits in dieser Einleitung einige Aspekte, die dir noch etwas merkwürdig erscheinen. Dennoch will ich dich an dieser Stelle bitten, dem Prozess zu vertrauen! Spätestens am Ende werden sich alle losen einzelnen Teile wie ein Puzzle zusammenfügen – und eine enorme Klarheit wird sich in dir breitmachen.

Ich will dir zusätzlich noch eine Sache raten: Die Methode in diesem Buch ist so simpel, dass du sie sehr schnell im Alltag ignorieren wirst. Ja, du hast richtig gelesen. Das ist absolut normal! Du bist jetzt gerade noch nicht darauf konditioniert, dass es so einfach und schnell gehen kann. Du wirst sogar vergessen, dass es in Wahrheit die Option gibt, auf so einfache Weise eine maximale mentale Stärke zu erlangen. Aus diesem Grund empfehle ich dir sehr, dieses Buch nicht nur einmal zu lesen. Denn wenn du es mehrfach liest, wird etwas Besonderes geschehen: Dadurch, dass wir uns ständig entwickeln, sehen wir Dinge oft vollkommen anders, wenn wir sie später erneut betrachten. Wir nehmen plötzlich Sachverhalte wahr, die wir vorher einfach eiskalt ignorierten. Also kann es sehr gut sein, dass du beim erneuten Lesen dieses Buches sagst: »Ich schwöre, das stand das letzte Mal noch nicht in diesem Buch!« Ich persönlich kenne das auf jeden Fall nur zu gut, egal, ob bei inspirierenden Filmen oder Büchern. Sei also einfach offen dafür, dieses Buch mehrfach zur Hand zu nehmen, auch wenn dein Ego sich immer wieder dagegen wehren wird.

Es handelt sich in diesem Buch um einen fundamentalen und zeitlosen Ansatz. Was mit diesem Buch beabsichtigt wird und was es so elementar werden lässt, ist deine Befreiung von Abhängigkeiten von Systemen und mentalen Konstrukten, die deine Realität nichts weiter als einengen. Im Laufe des Buches wirst du erkennen, welche davon du in deinem Leben aufrechterhältst. Jede Einengung eines solchen Systems oder mentalen Konstrukts sorgt dafür, dass deine mentale Stärke nur in dem Maße wachsen kann, wie dieses Konstrukt oder System es zulässt! Dadurch ist die Gestaltung deiner Realität auch nur in genau diesem Maße möglich. Der Grund, warum du manche Systeme und Konstrukte bis jetzt noch nicht erkannt und aus deinem Leben verbannt hast, ist simpel: Sie sind oft sehr schwer zu erkennen, denn sie bilden schlichtweg die Art, wie du die Welt und dich in ihr siehst. Sie sind mit Lametta behangen und spielen zur Ablenkung immer fröhliche Lieder, wenn du versuchst, sie zu entlarven. Wir Menschen stellen zwar enorm viel infrage und sind von Natur aus neugierig, doch wir bezweifeln nichts, von dem wir absolut überzeugt sind. Immerhin baut sich unsere gesamte Realität auf diesen Ideen und Identifikationen auf. Du wirst in den nächsten Kapiteln noch detailliert verstehen, was ich damit meine. Ich gebe dir trotzdem bereits ein Beispiel. Wahrscheinlich kennst du diesen Spruch, der wohl in der gesamten Persönlichkeitsentwicklungsszene am häufigsten geäußert wird: »Think outside the box.« Dieser Satz spielt zum Beispiel das fröhliche Lied eines Rebellen! »JA!«, schreit ein Teil in dir, der es einfach nur liebt, gegen etwas zu sein. Der Ansatz glänzt und scheint etwas zu sein, dem du unbedingt nachgehen musst. Er motiviert dich nicht nur, gegen etwas zu sein, sondern klingt auch noch verdammt logisch. Nach diesem Buch wirst du aber auf einer tiefen Ebene verstehen, warum dieser Spruch vollkommener Quatsch ist! Denn die Wahrheit sieht eher so aus: »Es gibt keinen Grund, außerhalb von irgendeiner Box zu denken, denn es gibt keine Box.«[1] Die gesamte Box, aus der du dich so sehr versuchst zu befreien, ist deine eigene selbst erschaffene Illusion. Sie wurde von dir aus einer mentalen Schwäche heraus kreiert. Das bedeutet, du bist Held, Bösewicht sowie Erzähler in einem und wunderst dich, warum gewisse Dinge schon wieder nicht geklappt haben.

Dieses Buch und die darin enthaltene Methode sind nicht auf superkrass schicke, neue Erkenntnisse zurückzuführen, sondern beinhalten alte und neue Lehren aus Psychologie, Philosophie, Spiritualität, Stoizismus und der Persönlichkeitsentwicklung, die teilweise seit Jahrhunderten Menschenleben bereichern. Ich habe all die unnötigen »Boxen« entfernt, mich auf das fokussiert, was bleibt, es vereinfacht und zusammengefasst, sodass nichts als Klarheit und ein Gefühl der Kontrolle deiner eigenen Realität übrig bleiben. Bekomme ich dafür ein mentales »high five« und ein »Hell Yeah«?

Eine kleine Warnung muss ich an dieser Stelle noch ganz offen aussprechen: Deine Mitmenschen werden dich als fast übermenschlich wahrnehmen, da bei dir anscheinend bald alles leicht und ohne große Schwierigkeiten ablaufen wird. Auch wenn dich die Methode aus diesem Buch nicht vor Dingen bewahrt, die dir im Leben widerfahren, wirst du mit ihr dennoch jeder Situation mit Leichtigkeit begegnen und deinen Weg unbeirrt weitergehen können. Wenn dich deine Mitmenschen fragen, was passiert ist, weil es bei dir jetzt offenbar »läuft«, dann empfiehl ihnen einfach dieses Buch und lächle dabei. Du wirst am Ende verstehen, warum sie selbst durch diesen Prozess gehen müssen, wenn sie die gleichen Resultate erzielen wollen. Doch es wird auch einige geben, die mit der neuen, selbstbewussteren, klareren sowie mental und emotional stärkeren Version von dir nicht mehr zurechtkommen. Sie werden sich aus deinem Leben verabschieden. Bitte versuch an dieser Stelle nicht, sie mit dir den Berg hochzutragen. Das funktioniert nicht! Wenn sie sich nicht aus eigenem Antrieb auf die Reise begeben, wirst du einen Großteil deiner Energie immer dafür aufbringen, deine bereits absolvierten Höhenmeter wieder herunterzulaufen, um sie doch davon zu überzeugen, mit dir hinaufzugehen. Achtung, Kalenderspruch mit Glitzerdelfin im Anmarsch: Sei du das Vorbild für sie! Gemeint ist damit nicht, das Vorbild zu sein, das sie selbst wollen, sondern das, was sie brauchen. Bleib dabei voll und ganz bei dir und geh unbeirrt deinen Weg. Wenn sie dann später das haben wollen, was du hast, dann hilf ihnen. Versuch jedoch nicht, sie zu ihrem Glück zu zwingen.

Mir ist auch komplett bewusst, wie diese gesamte Einleitung für dich klingt: »Wenn das alles stimmt und sich durch die Methode in diesem Buch und die Fähigkeit der mentalen Stärke mein gesamtes Leben verändert, dann wäre das zu schön, um wahr zu sein!« Bestimmt hast du in deinem Leben auch schon sehr viel versucht, um dein Leben zu verbessern – habe ich recht? Deswegen bist du vielleicht gerade auch noch extrem misstrauisch. Das wäre ich auch! Denn immerhin ist deine momentane Realität so stark trainiert, dass sie wenig Abweichungen zulässt. Ich will dich jedoch an eine Sache erinnern: Alles, was du gerade um dich herum siehst, war einst nichts weiter als ein Gedanke im Kopf eines Menschen. Das Haus, in dem du wohnst, das Handy in deiner Tasche und selbst die Kondome in deiner Nacht-

tischschublade waren einmal nur Ideen. Sie entsprangen einem Verlangen, dass es doch »zu schön wäre, um wahr zu sein«. Dass der menschliche Geist zu beinahe allem fähig ist, haben wir kollektiv mehr als bewiesen!
In einer Zeit, in der wir Zellen klonen, uns mit künstlicher Intelligenz unterhalten und aktiv planen, andere Planeten zu zivilisieren, ist es auch für dich möglich, ein Leben zu erschaffen, bei dem du abends mit einem Lächeln einschläfst und morgens genauso aufwachst. Aus diesem Grund ist es auch für dich kein wirkliches Problem, die in diesem Buch vorgestellte mentale Stärke zu erreichen.
Egal was du vorhast, ob du mit einer großen Vision die Welt verbessern, etwas Revolutionäres erschaffen oder einfach Frieden in deinem Leben erlangen willst: Du musst zuerst in deinem Inneren klar, stark und stabil sein. Ansonsten wird alles (!) früher oder später wie ein Kartenhaus in sich zusammenfallen. Dieses Buch wird dich dabei unterstützen, wieder die Kontrolle über deine eigene Realität und dein Leben zu bekommen. Ich danke dir von ganzem Herzen für dein Vertrauen und dafür, dass du dich für dieses Buch entschieden hast.

Bevor du jetzt richtig startest, muss ich dich noch auf eine Sache vorbereiten. Der Ansatz, den du speziell in den ersten fünf Kapiteln lesen wirst, ist vollkommen anders. Du wirst dich das eine oder andere Mal fragen, was das Ganze mit mentaler Stärke und Resilienz zu tun haben soll. Vor allem, weil ich in dieser Einleitung geschrieben habe, dass die Methode unfassbar simpel sei. Das Ding ist Folgendes: Sie ist simpel, wenn du lernst, genau das zu verstehen, was dir in diesen ersten Kapiteln begegnen wird. Dieses Buch unterscheidet sich von den Büchern über mentale Stärke, wie man sie vielleicht sonst kennt. Der Ansatz des Buches baut auf etwas anderem auf als den gewöhnlichen Tipps. Die Methode setzt am Fundament an, und das ist eben der

Aufbau unserer eigenen Realität. Deswegen wird es in den ersten Kapiteln um die essenziellen Faktoren beim »Realitätsaufbau« gehen, die mit Abstand den größten Einfluss auf uns haben. Denn mir ist wirklich wichtig, dass du rational verstehen und nachvollziehen kannst, wie dies abläuft, um es letztendlich meistern zu können!

DEIN KOSTENFREIER VIDEOKURS ZUM BUCH

Im Herzen dieses Buches liegen wertvolle Einsichten und Strategien zur mentalen Stärke. Sie dienen ausschließlich dem Ziel, dein Leben zu bereichern. Doch das geschriebene Wort stößt gelegentlich an seine Grenzen – manche Konzepte entfalten ihre volle Kraft erst, wenn sie erlebt bzw. gesehen werden. Genau hier setzt der speziell für die Leser dieses Buches entwickelte Onlinekurs an, zu dem du einen kostenfreien Zugang erhältst. Er vertieft ausgewählte Themen des Buches auf eine Weise, die über das Lesen hinausgeht. Wir nutzen die Dynamik und Interaktivität von Videos, um dir eine tiefere Einsicht und Anwendung der Inhalte zu ermöglichen. Dies bildet eine unverzichtbare Ressource für alle, die ihre mentale Stärke nicht nur verstehen, sondern wirklich leben wollen. Nutze jetzt die Gelegenheit, diesen exklusiven Inhalt zu entdecken. Scanne einfach den QR-Code mit der Kamera-App deines Smartphones oder gib den darunter stehenden Link in deinen Browser ein. Bereite dich darauf vor, deine Reise zur mentalen Stärke zu vertiefen.

Jetzt scannen!

www.mentale-staerke-buch.de/onlinekurs

KAPITEL 1

DER URSPRUNG ALLER PROBLEME

Starten wir doch direkt einmal mit einem leicht verdaulichen Thema, nämlich dem Ursprung eigentlich aller Probleme, die wir Menschen als Individuen oder im Kollektiv erfahren. Es ist nichts Geringeres als die Unbewusstheit. Vielleicht gähnst du über diese Antwort, aber ich versichere dir: So unspektakulär es auch wirkt, genau dies ist das Problem! Einige werden sagen: »Nein, es ist das Ego!« oder »Es ist der Hass!«. Doch wenn wir es einmal aufgliedern, sind alle Symptome, die wir, ähnlich wie diese beiden genannten Aspekte, beobachten können, immer, aber auch wirklich immer darauf zurückzuführen, dass wir vorher unbewusst waren. Denn in der Unbewusstheit kontrollieren wir nicht unsere Gedanken und somit auch nicht unsere Realität. Wir verlieren uns in selbst erschaffenen mentalen Konstrukten und Boxen und sind uns schlichtweg nicht bewusst über uns. Wir nehmen alles durch ein verzerrtes Bild wahr.

Ich bin einmal vor sehr vielen Jahren mit dem Auto in eine Polizeikontrolle geraten, als ich gerade auf dem Weg zu einem Festival war. Die Polizei wollte neben den klassischen Kontrollen der Papiere über eine Sache aufklären, nämlich, wie schlimm es ist, wenn man betrunken Auto fährt. Dafür gaben sie mir eine Brille, deren Gläser ein so stark verzerrtes Bild herbeigerufen haben, dass man kaum etwas erkennen konnte, was weiter als 30 Zentimeter entfernt war. Sie sagten, dass man mit zwei Promille im Blut nur noch auf diese Weise sehen könne. Genau so können wir uns die Verzerrung durch unsere Unbewusstheit vorstellen. Wir sehen nicht mehr klar. Wir können nicht mehr klar entscheiden, was ist und was nicht ist. Und wenn wir nicht gelernt haben, in diesen Momenten unsere mentale Stärke wieder hervorzurufen, kochen schnell die Emotionen hoch und wir treffen echt unkluge Entscheidungen aus dem Affekt heraus. Möglicherweise folgen auch noch schlimmere Konsequenzen, etwa, wenn sich diese Verwirrung über Wochen oder Monate zieht und wir nicht nur im Affekt entscheiden, sondern ganz fest von unserer Verzerrung überzeugt sind. Dann ist dies für uns eine angebliche Wahrheit, bei der wir absolut und unumstößlich sicher sind, dass es nur so und nicht anders sein könne. Immerhin haben wir im Laufe der Zeit schon so oft darüber nachgedacht. Das muss doch wohl als Beweis für die vollkommene Richtigkeit dieser Wahrheit ausreichend sein, oder? Ich hoffe, du liest meinen dezenten Sarkasmus hier heraus.

Es ist, als ob du dir absolut sicher bist, dass es eine verdammt gute Idee sei, 50.000 Euro in den Umbau eines gemieteten, leerstehenden Raums zu stecken, um ihn in ein Fitnessstudio umzuwandeln – nur um fünf Jahre später auszuziehen und die ganzen Einbauten zurücklassen zu müssen. Nicht, dass mir so etwas Dämliches jemals passiert wäre …

Ich werde diese Ausführungen zum Ursprung der Probleme an dieser Stelle erst einmal so stehen lassen und im Verlauf des Buches immer wieder darauf zurückkommen. Du wirst all die Facetten erkennen, mit denen wir uns durch Unbewusstheit selbst ins Aus manövrieren und neue Konflikte sowie Probleme erschaffen. Auf den nächsten Seiten wirst du immer mehr von deiner eigenen Unbewusstheit erkennen. Falls du bereits so ein Gefühl hast, dass der Ansatz bei deiner Unbewusstheit nicht die Lösung sein könne, dann lässt dein Ego gerade Grüße da und versucht, dich jetzt schon mal in den Widerstand zu bringen. Denn Bewusstheit ist im Grunde das Ende des Egos. Also hör genau hin, was dir dieses kleine Wiesel ins Ohr flüstert.

KAPITEL 2

EIN AUSFLUG IN DEINE REALITÄT

Ich habe in diesem Buch bereits sehr häufig den Begriff »Realität« benutzt und will dieses besondere Wort an dieser Stelle mit dir erforschen. Auch möchte ich klarstellen, was es nicht ist und mögliche Verwirrungen klären. Denn wenn es um derartige Begriffe in solch einem Buch geht, ist es notwendig, dass wir auf der gleichen Seite stehen, wenn wir uns mit diesen Themen beschäftigen.

Zum einen schreibe ich immer »deine Realität«. Warum? Weil deine Realität die Art darstellt, wie du deine Welt siehst. Ich meine damit nicht deine Fähigkeit, mit deinen Augen zu sehen, sondern deine Wahrnehmung und Interpretation im Allgemeinen. Es können zwei Menschen auf ein einziges Objekt oder eine Person schauen und eine völlig unterschiedliche Realität darüber haben! Häufig entsteht auf diese Weise ein Konflikt, bei dem einer von beiden sagt: »Ja, das kannst du schon so sehen, ist aber scheiße! Denn ich habe recht!«

Wichtig ist, dass wir in erster Linie erkennen, dass **Realität** nicht gleich **Wahrheit** ist. Die Wahrheit ist etwas, das wir faktisch benennen können. Das ist beispielsweise so, wie wenn du in deiner Realität sagst, dass du ohne Hilfsmittel fliegen könntest, wenn du vom Balkon springst. Doch die Wahrheit lässt dich sehr schnell beschleunigen und auf dem Boden aufprallen. Die Wahrheit kann z. B. sein, dass du 100 kg Bankdrücken beim Sport schaffst. Aber deine Realität sagt, dass es echt lächerlich schwach ist. Währenddessen schaut dich ein neues Mitglied im Fitnessstudio an und denkt in seiner Realität, dass du aussiehst wie Superman. Das bedeutet, Realität wird einzig und allein von uns selbst erschaffen, und zwar durch nichts Geringeres als unsere Gedanken. Die Wahrheit ist etwas, das wir anhand von Fakten messen können. Das Wichtigste an dieser Stelle ist, dass wir lernen, in unserer Wahrnehmung einen klaren Unterschied zwischen diesen beiden Begriffen zu machen. Um noch genauer zu sein: Realität entsteht in deinen 16 Zentimetern. Das ist in etwa der Durchmesser deines Schädels. Ja, dein Verstand ist der einzige Ort, an dem deine Realität entsteht. Durch unsere Gedanken und somit unseren Fokus und unsere Energie erschaffen wir sie rund um die Uhr! Es existiert also nichts anderes, was deine Realität erschafft, außer du selbst in deinem Verstand. Daher ergibt der klassische Satz »Du bist der Schöpfer deiner Realität« auch richtig Sinn.

Um direkt bei der Logik zu bleiben: Wenn du eine deutlich erhöhte mentale Stärke aufweist, dann bedeutet das in logischer Konsequenz, dass du dir eine für dich dienlichere Realität erschaffst! Denn mental stark zu sein bedeutet, die Gedanken und somit den Verstand zu kontrollieren. Dies hat zur Folge, dass du die Kontrolle über deine Realität hast. Und das, was du als deine Realität aufrechterhältst, wird früher oder später als logische Konsequenz in deinem Außen für dich erfahrbar sein. Doch da wir jetzt wissen, **wo** Realität entsteht, sollten wir uns grundlegend auch anschauen, **wie** Realität entsteht.

Die Art und Weise, wie Realität entsteht, ist unfassbar spannend. Dabei hat es nicht einmal etwas mit Bienchen und Blümchen zu tun! Sie entsteht in allererster Instanz durch unsere **Sinneseindrücke.** Die Informationen, die wir über unsere Sinne aufnehmen, ergeben so etwas wie die Knetmasse, mit der wir Realität durch unsere **Gedanken** formen. Stell dir vor, du kannst von Geburt an nichts sehen, nichts hören und weder riechen noch schmecken – und auch, wenn dich jemand berührt, fühlst du nichts. Das bedeutet, dass dein Verstand vollkommen ohne jeglichen Input wäre. Es gäbe nichts, was du mit deinen Gedanken verarbeiten könntest. Du wärst einfach nur ein Mensch, der isoliert von allem vor sich hin existiert. Durch Sinneseindrücke haben wir letztendlich die Möglichkeit, das zu verarbeiten, was uns umgibt und begegnet. Doch gleichzeitig sind diese Sinneseindrücke, im Vergleich zu dem, was es in Wahrheit gibt, so minimal, dass man uns Menschen als wirklich beschränkte Wesen ansehen könnte.

Ich verdeutliche es ganz vereinfacht an einem Beispiel: an dem unserer Augen. Wenn du dich in einem hundertprozentig dunklen Raum befindest, in dem es keine Lichtquelle gibt, kannst du logischerweise nichts sehen. Dennoch ist dieser Raum voll mit Licht! Nicht weil du so toll bist, dass du schon strahlst (auch wenn ich das nicht ausschließen würde), sondern weil es Lichtwellen gibt, die einfach durch Objekte wie etwa Wände hindurchgehen. Doch diese können wir mit der Sehfähigkeit unserer Augen nicht wahrnehmen. Wir können mit unserem Sinnesorgan nur eine winzig kleine Menge an möglichem Licht sehen, das uns eigentlich im Alltag umgibt. Nehmen wir einmal Katzen, deren Augen so aufgebaut sind, dass sie beispielsweise viel mehr Licht erkennen können als wir. Sie sehen auch da relativ normal, wo wir buchstäblich völlig im Dunklen stehen. Vielleicht ist das auch der Grund, warum sich Katzen oft wie ein mieser Diktator aufführen. Sie denken sich wahrscheinlich: »Huldigt, füttert und streichelt mich, ihr unwürdigen Nichtssehenden!«

Zusammengefasst bedeutet es, dass wir Realität dadurch erschaffen, dass wir Sinneseindrücke aufnehmen und sie durch unsere Gedanken verarbeiten. Wie wir diese Eindrücke verarbeiten, hängt dann einzig und allein von der Art und Weise ab, welche Gedanken wir für diese Verarbeitung verwenden. So sagt die eine Person beim zwei Grad kalten Eisbaden: »Das ist die Eishölle!«, während eine andere sich denkt: »Das tut meinem Körper unfassbar gut. Atmen und Fokus halten, Kumpel, das ist der Hammer!«

So erschafft jeder seine eigene Realität, obwohl wir alle von den gleichen Wahrheiten umgeben sind. Natürlich sind viele Wahrheiten komplexer als ein zwei Grad kaltes Wasser. Doch der Aufbau von Realität über die Aufnahme von Sinneseindrücken und die eigene Interpretation aus den Wahrheiten laufen stets gleich ab.

Dieses Buch soll dir nicht nur von Katzen, kaltem Wasser und Licht erzählen, sondern ein tiefes Verständnis ermöglichen. Denn denk an den Dreiklang, mit dem ich arbeite: **Verstehen – Erkennen – Erfahren**. Nur, wenn du komplett und vollends verstehst, wie du Realität erschaffst, wirst du in deinem Alltag erkennen, wie du es gerade in diesem Moment erkennst. Damit trainierst du deine Fähigkeit, es immer und immer bewusster zu tun und als normale Erfahrung, die dein Leben maximal bereichert, in deinen Alltag zu integrieren.

Lass uns aus diesem Grund noch eine Ebene tiefer gehen. Was ist denn dieses walnussförmige Ding in deinen 16 Zentimetern eigentlich – neben der Tatsache, dass unser Gehirn wohl mit die komplexeste Sache ist, die wir Menschen immer weiter erforschen (dicht gefolgt von der unter Männern ewig kursierende Frage, was Frauen wirklich wollen)? Unser Gehirn ist, wenn wir es herunterbrechen, eine

Schaltzentrale und ein Speichermedium. Es ist so etwas wie eine Festplatte, auf die du deine ganzen Back-ups ziehst. Das Gehirn eines Menschen speichert einfach alles ab und hat die grundlegende Aufgabe, uns am Leben zu erhalten. Das macht es in einer Art und Weise, die echt lustig ist, wenn wir es einmal von außen betrachten. Unser Gehirn sagt uns quasi: »Ich habe es bis heute geschafft, am Leben zu bleiben. Also war mein Job bis jetzt erfolgreich! Somit mache ich einfach die Dinge, die ich bis jetzt getan habe, weiter.« Ich muss zugeben, dass diese Herangehensweise vollkommen logisch und nachvollziehbar ist. Doch »überleben« bedeutet bekannterweise nicht gleich »gut leben«. Unsere Realität wird von unserem Gehirn im Autopilot-Modus[2] erschaffen, wenn wir nicht in der Kontrolle unserer Gedanken sind. Es hat so etwas wie ein Abgleichungsprogramm, das immer versucht, deine Außenwelt in die Ausrichtung von den Dingen zu bringen, die du bis jetzt erfahren und abgespeichert hast. Denn du hast mit dem, was du bisher erfahren und abgespeichert hast, auch bis heute überlebt. Somit projizierst du alles auf diese bisherige lebenserhaltende Erfahrung und versuchst, es in deine geformte Realität zu pressen.[3]

Vielleicht kennst du noch diese Hartschaumstoffmatten mit ausgestanzten Buchstaben. Hier musste man als Kind damals die Buchstaben in die jeweilige Buchstabenform hineindrücken, ähnlich wie bei einem Puzzle. Vor einigen Jahren habe ich ein Bild gesehen, bei dem ein Kind einige der Buchstaben mit viel Gewalt in eine andere Form gedrückt hatte. So war z. B. das W in der Buchstabenform des O oder das L gefaltet und ins I gedrückt. Über dem Bild stand folgender Satz: »Lukas ist nicht das schlauste Kind in der Gruppe, aber das stärkste.«[4] Auf ähnliche Weise versucht unser Gehirn das, was wir durch unsere Sinneseindrücke wahrnehmen, in eine Form zu pressen, in die es vielleicht gar nicht gehört. Das macht es automatisch, wenn wir nicht die Kontrolle über unsere Gedanken und somit die Entstehung unserer Realität übernehmen.

An dieser Stelle in Trainings oder Vorträgen höre ich öfters jemanden aus den hinteren Reihen sagen: »Aber, was ist denn mit unserem Unterbewusstsein? Das steuert doch im Alltag die meisten Prozesse.« Dem stimme ich vollkommen zu, doch es passiert lediglich, wenn du unbewusst bist. Wenn du in einer Bewusstheit bist, während du Dinge tust, dann kann dein Unterbewusstsein in dem Moment nicht die Kontrolle übernehmen. Entweder bist du bewusst und kreierst somit bewusst deine Realität oder du bist unbewusst und dein Unterbewusstsein übernimmt. Natürlich ist es mehr als sinnvoll, die unterbewussten Programme so zu formen, dass wir noch immer auf eine Weise denken und handeln, die uns dient, auch wenn wir einmal nicht bewusst sind. Doch ich will diese große Angst vor dem Unterbewusstsein einmal auflockern, die in der Szene so krass demonstriert wird. Auch wenn es einiges an Übung erfordert: Wenn du dich stets in deiner Bewusstheit trainierst, dann meldet sich das Unterbewusstsein nur ganz selten zu Wort. Selbst dann erkennst du es durch deine trainierte Bewusstheit meist sehr schnell und kannst wieder switchen. In späteren Kapiteln gehen wir noch viel tiefer in diese Thematik rein und du erfährst, was du tun musst, um Bewusstheit immer und immer mehr in deinen Alltag zu integrieren.

Nachdem wir das jetzt alles wissen, können wir dann überhaupt sagen, dass es so etwas wie eine Wahrheit tatsächlich gibt, neben Fakten wie z. B. dem zwei Grad kalten Wasser? Wenn alles, was ein Mensch an andere Menschen weitergibt (falls es nicht messbare Fakten sind), im Grunde immer nur eine Sichtweise aus seiner jeweiligen Realität ist? Einer Realität, die dieser Mensch selbst erschaffen hat? Ich lasse diese Frage einmal im Raum stehen. Denn sie wird im Laufe des Buches automatisch beantwortet.

Lege dieses erste mentale Puzzle jetzt einmal oben links in das Bild. Du wirst später merken, mit welchen anderen Puzzlestücken es zusammenpasst und wie es sich perfekt in das Gesamtbild einfügt.

KAPITEL 3

DEINE SPRACHE ENTSCHEIDET

In den vorherigen Kapiteln haben wir uns bereits mit Sinneseindrücken, Realität, Wahrheit und Bewusstheit befasst und diese Themen angekratzt. Doch damit es einen runden Abschluss bekommt und nicht aussieht wie ein Mosaikbild, bei dem mittendrin ein Stein fehlt, müssen wir uns eine entscheidende Sache anschauen: deine Sprache! In meinen Coachings und Programmen lege ich darauf den größten Wert. Deine Sprache lenkt dich letztendlich in die Richtung, Lösungen zu erfahren oder dich bis zum letzten Tag im gleichen Problem zu befinden.

Im Laufe dieses Buches werde ich dich mehr als einmal auf normale und alltägliche Wörter, Sätze und Ähnliches hinweisen und aufzeigen, wie unglaublich destruktiv diese sind, selbst wenn sie jeder benutzt und sie deswegen schon zum guten Ton gehören. Lass mich erklären, was ich mit meiner Kleinkariertheit bei der Sprache meine. Es mag sein, dass dir die nächsten Abschnitte erst einmal etwas merkwürdig vorkommen. Doch sie bereiten dich auf das vor, was nachfolgend im Buch passieren wird.

Wir bekommen also Sinneseindrücke durch unsere Sinne übermittelt. Unsere Gedanken drücken wir durch Worte aus. Wir bringen mit unserer Sprache diese biochemisch-elektrischen Impulse im Gehirn in eine Form, so wie Lukas es mit den Schaumstoffbuchstaben getan hat. Wir nutzen Worte, um diese Impulse für uns »zum Leben zu erwecken« und greifbar zu machen. Soweit war dir dies bestimmt bewusst. Wenn wir jetzt aber ein wenig über dieses Vorgehen nachdenken, dann ergibt sich eine Frage für uns: Können wir alle Impulse korrekt umwandeln, selbst wenn wir keine Worte für sie haben? Denn wie wollen wir etwas greifen können, dessen Bezeichnung wir nicht in unserem Sprachgebrauch haben? Kannst du über Dinge nachdenken, für die du keine Worte hast, wenn Worte doch für uns die Formen sind, durch die wir die Welt um uns herum interpretieren? Um es mit der Aussage eines österreichischen Philosophen zu beantworten: »Die Grenzen meiner Sprache bedeuten die Grenze meiner Welt« (Ludwig Wittgenstein).[5]

Ludwig ist bereits tot, aber dass wir uns heute noch mit seinem Gedankengut befassen, dürfte ihn knapp 100 Jahre später immer noch sehr freuen. Ich will es weiter ausführen. Wenn wir z. B. die deutsche Sprache betrachten, dann ist sie oft sehr kalt, direkt, wenig emotional und einfach sehr klar. Das ermöglicht uns, in einer sehr genauen und effektiven Art miteinander zu kommunizieren. Anders ist es z. B. im Englischen. Hier gibt es zwar auch sehr viele Wörter für kleine Details und Nuancen, doch die englische Sprache ist viel emotionaler als die deutsche.

Nehmen wir folgendes Beispiel, um dies zu veranschaulichen: Ein Taxi fährt vor einem amerikanischen Einfamilienhaus vor. Die Kamera zoomt heran. Ein Soldat in Uniform steigt aus, in der rechten Hand seine Tasche, seine Körperhaltung ist kerzengerade. Er schließt die Tür, das Taxi fährt weg und wir sehen, dass er auf ein bestimmtes Haus blickt, bevor er seinen nächsten Schritt macht. Eine amerikanische Flagge hängt am Fahnenmast vor der Veranda. Er geht die fünf Treppenstufen hoch und klopft an die Tür. Nach einigen Momenten öffnet sein Vater die Tür. Er blickt ihm überrascht, aber mit vollem Respekt in die Augen, legt ihm eine Hand auf die Schulter und sagt anerkennend mit breiter Brust: »Welcome home, son!« Das ist eine Szene, wie sie im Buche steht – außer in diesem hier. Die Worte des Vaters drücken so viel mehr aus, als dass er einfach nur seinen Sohn wieder zu Hause begrüßen würde. Seine Worte sagen aus: »Ich bin so unfassbar stolz auf dich. Du hast die Würde unserer Familie aufrechterhalten und deine Pflicht als wahrer Amerikaner erfüllt.«

Betrachten wir nun die exakt gleiche Szene in Deutschland. Der Sohn klopft an die Tür, der Vater macht auf, legt seine Hand auf dessen Schulter und sagt: »Willkommen zu Hause, Sohn!« Das klingt einfach nur unfassbar kalt und distanziert, oder? Jetzt kannst du sagen: »Ja Jens, auf Deutsch würde man es ja dann auch anders sagen, wenn man das so ausdrücken wollte.« Aber darum geht es nicht. Das Beispiel soll zeigen, dass man beispielsweise im Englischen viel mehr mit wenigen Worten ausdrücken kann, da die Worte an sich eine viel größere emotionale Bedeutung haben. Natürlich gibt es auch ein paar solcher Formulierungen in der deutschen Sprache. Doch damit die Auswirkungen sehr klar werden, habe ich den Vergleich zwischen der deutschen und englischen Sprache gewählt. Im nächsten Kapitel wirst du Beispiele aus der deutschen Sprache kennenlernen.

Wenn wir nun ein komplexes Gefühl beschreiben wollen, für das wir keine Worte haben, dann ist es uns schlichtweg nicht möglich, dieses zu greifen. Natürlich können wir andere Worte benutzen, um es zu umschreiben. Wir können jedoch niemals ganz genau das ausdrücken, was wir letztendlich kommunizieren wollen.

Nehmen wir hier einmal die Finnen als Beispiel. Weißt du, wie es ist und sich anfühlt, den ganzen Tag allein zu Hause in deiner Unterwäsche zu sitzen, dich zu entspannen und Bier zu trinken? Nein? Nun, ich auch nicht. Doch kannst du dir vorstellen, dass mit dieser Tätigkeit ein ganz bestimmtes Gefühl einhergeht? Die Finnen haben dafür ein eigenes Wort entwickelt: »Kalsarikännit«, d. h., sie haben mit ihrer Sprache etwas Neues erschaffen, das eine bestimmte Erfahrung in einem »Wolkenwort« zusammenfassen lässt. Es hat ihre Realität erweitert. Nicht in dem Sinne, dass es nun möglich ist. Sondern dass sie durch dieses Wort in ihrer Sprache etwas ausdrücken können, das vorher nicht zusammengefasst ausgedrückt werden konnte. Über Wolkenwörter wirst du noch ein ganzes Kapitel in diesem Buch finden. Unsere Sprache ermöglicht uns demnach, unsere Realität zu erweitern oder sie, bei einem geringen Vokabular, massiv einzuengen. Deswegen ist es stets ratsam, mehrere Sprachen zu erlernen. Dies hilft sehr, das Potenzial der eigenen Realität zu vergrößern.

Aus diesem Grund kommen wir noch einmal zurück zu Ludwig Wittgenstein. Wenn die Grenzen der eigenen Sprache auch die Grenzen der eigenen Welt bedeuten[6], dann heißt das, dass sich deine Realität nur in dem Maße formen lässt wie die Sprache, die du benutzt. Du kannst schlichtweg nicht über etwas nachdenken, für das du keine Worte hast. Vielleicht hast du auch schon einmal einen Ausflug gemacht und warst in einer Situation so von der Schönheit überwältigt, dass du keine Worte dafür gefunden hast. Du hast einen perfekten Sonnenuntergang erlebt, mit chilligem Sound am Strand, einem leckeren Cocktail, mit Freunden und einem Delfin, der gerade immer wieder aus dem Wasser gesprungen ist. Du warst in diesem Moment so glücklich, du hättest schreien können, weil du es kaum ausgehalten hast. Jetzt stell dir vor: Es gibt ein Wort, das genau dieses Gefühl zusammenfasst und es zu 100 Prozent für dich greifbar macht. Doch in diesem Beispiel gibt es kein Wort, das genau diese Essenz einfängt. Du kannst es demnach zwar erfahren, aber nicht vollends sprachlich greifen und das Gefühl akkurat für dich kategorisieren, da dir schlichtweg die Sprache zur Verbalisierung der Sinneseindrücke fehlt.

Unsere Sprache bildet das Spielfeld unserer Welt. Und genau so, wie wir durch unsere Worte unsere Realität formen, bestimmen demnach auch unsere Worte, welche Lösungen oder Probleme wir in bestimmten Situationen im Leben haben. Da, wo wir keine oder nur für uns »nicht dienliche« Worte haben, können wir die Probleme nicht einmal richtig greifen und somit nicht bearbeiten.

Ich reagiere meist etwas empfindlich, wenn jemand von »richtig« und »falsch« spricht. Natürlich kann man sagen, dass es falsch sei, wenn man statt »Hund« das Wort »Schmetterling« verwendet. Doch darauf will ich nicht hinaus. Selbst wenn du eine extrem schädliche Sprache an den Tag legst, sind sie und die Worte in ihr nicht gänzlich falsch. Sie ist dir lediglich in diesem Moment **nicht dienlich**. Die Begriffe »falsch« und »richtig« sind so emotional besetzt, dass wir uns in eine Sackgasse begeben, wenn wir beginnen, unsere eigene Sprache mit ihnen zu bewerten. Du wirst gleich noch besser verstehen, warum der effektivste Weg zu einem klaren und fokussierten Geist darin besteht, deine Sprache in »dir dienlich« und »dir nicht dienlich« zu unterteilen, anstatt in eine absolute Bewertung wie **richtig** und **falsch** zu verfallen. Denn Bewertungen sorgen direkt dafür, dass wir gedanklich blockieren und dann auf einmal gar nicht mehr wissen, was wir noch sagen oder denken können, weil wir in der Regel bereits ab dem Kindesalter nichts »falsch« machen wollen, richtig? Sagen wir jedoch, dass Worte uns »nicht dienlich« sind, dann können wir sie uns aus einem distanzierten Blickwinkel anschauen und bewusst damit arbeiten. Sprache ist dir somit im Hinblick auf das, was du damit zu bewirken versuchst, entweder »dienlich« oder »nicht dienlich« – nicht mehr und nicht weniger.

Das führt uns zu einem Bereich der Persönlichkeitsentwicklung, die hochgradig destruktiv und dafür verantwortlich ist, dass so viele Menschen in der Szene nicht den Fortschritt machen, den sie sich wünschen.

Konfuzius soll einmal gesagt haben: »Die Person, die nicht das genaue Problem beschreiben kann, kann keine genaue Lösung für das Problem finden.«[7] Diese Aussage ergibt enorm viel Sinn, und auch wenn gar nicht eindeutig geklärt ist, ob sie tatsächlich von Konfuzius stammt, erkennst du wahrscheinlich trotzdem, warum es so zutreffend ist.

Lass uns aus diesem Grund einmal die Sprache der Persönlichkeitsentwicklungsszene auseinandernehmen. Ich liebe diese Szene, doch glaube ich, dass sie gerade in den letzten Jahren durch ihren destruktiven und willkürlichen Sprachgebrauch nicht mehr optimal für all diejenigen wirkt, die sich mit ihr beschäftigen. Vielleicht ist die Szene auch einfach in so etwas wie einer pubertären Phase, so, wie wir alle in unserer Jugend auch mal etwas verwirrter waren und begonnen haben, merkwürdige Worte zu nutzen.

KAPITEL 4

WOLKENWÖRTER UND WOLKENSÄTZE

Die Szene ist voll mit Wolkenwörtern, egal, wohin ich schaue. Sie sind in Videos, Podcasts, Social-Media-Beiträgen oder in Vorträgen zu finden. Doch passend zum Zitat von Ludwig Wittgenstein aus dem vorherigen Kapitel, lass uns zuerst einmal für die Erweiterung unserer Welt klären, was die Begriffe »Wolkenwort« und »Wolkensatz« überhaupt aussagen. Ein **Wolkenwort** ist ein Wort, das von den meisten, die es hören, unterschiedlich verstanden wird und in der Essenz eine Zusammenfassung aus vielen Wörtern ist. Stell dir eine große dunkle, lila Wolke mit 15 Metern Durchmesser vor, die vor dir in der Luft schwebt. Von deiner momentanen Position aus sieht die Wolke so aus, wie sie aussieht. Wenn du jetzt aber eine zweite Person hast, die auf der anderen Seite der Wolke steht, würde sie die Wolke anders wahrnehmen. Natürlich würde die andere Person das Gebilde noch als Wolke beschreiben, doch sieht sie für diesen Menschen etwas anders aus. Wenn du dieser Person die Wolke jetzt detailliert beschreibst, würde sie dem teilweise, aber nicht ganz zustimmen, obwohl sie im Grunde das Gleiche sieht. Dazu kommt, dass es unerheblich ist, wie sehr du dich anstrengst, denn du kannst die Wolke nicht wirklich greifen. Du versuchst sie sogar zu boxen oder festzuhalten, doch es passiert einfach nichts. Mit Wolkenwörtern oder Wolkensätzen kannst du ein bestimmtes Gefühl ausdrücken, aber sie dienen dir nicht, wenn du akkurat und effektiv kommunizieren willst oder eine detaillierte Lösung für dein Problem suchst.

Ein **Wolkensatz** ist demnach eine Ansammlung von Wolkenwörtern in einem Satz, was zu einer noch größeren Verwirrung führt. Es ist wie etwas, das zwar vorhanden ist, für dich aber letztendlich keinen wirklich praktischen Nutzen aufweist. Du kannst also gegen diese Wolke rein gar nichts tun und gleichzeitig versperrt sie dir die Sicht. Es kommt dir fast schon vor, dass du dieser Wolke ausgeliefert bist und nur machtlos vor ihr stehen kannst. Immer, wenn du dich in solch einer Situation befindest, in der du glaubst, ohne Macht zu sein, etwas zu verändern, empfindest du genau das: ein Gefühl der Ohnmacht. Was kannst du also tun, um nicht in dieses Gefühl zu gelangen? Die Lösung liegt auf der Hand und ist extrem unspektakulär, doch definitiv notwendig – gerade wenn du bereits seit Langem nicht den Fortschritt erzielst, den du dir wünschst, und einfach nicht herausfindest, woran es liegt. Dieser Ansatz bietet dir eine Lösung! Bevor ich es dir jedoch mitteile, achte besonders auf dein Ego. Falls es sich jetzt gleich zu Wort melden sollte, lächle einfach und lies weiter.

Die Lösung besteht darin, dass du es so sagst, wie es tatsächlich ist, statt das Wolkenwort zu benutzen! Denn ein Wolkenwort ist, wie bereits erwähnt, immer ein Begriff, der eine Zusammenfassung aus ganz vielen Wörtern darstellt, genauso wie das finnische Wort »Kalsarikännit«. Es hilft, den Horizont deiner Realität für ein **Gefühl** zu erweitern, bewirkt aber auf der anderen Seite auch eine unspezifische Vorstellung und eine besonders schwere Handhabung, wenn du damit arbeiten willst. Um es zu veranschaulichen, nehmen wir eines der Wolkenwörter, das zum komplett alltäglichen Sprachgebrauch in der Szene zählt: **Glaubenssatz** bzw. **Glaubenssätze**. Fast überall höre ich immer die gleiche unsinnige Aussage: »Ich habe tief sitzende Glaubenssätze.« Lass uns einmal Chirurg spielen und diesen Wort-Satz-Tumor entfernen. Bist du bereit, Doktor?

1. Was willst du in diesem Fall mit »Ich habe« aussagen? Dass du etwas hast? Wo hast du es? Kannst du es irgendwo lokalisieren, so wie z. B. deine Nase in deinem Gesicht? Also ja, du **hast** eine Nase, aber kannst du Glaubenssätze **haben**? Wohl eher nicht! Etwas wie eine Nase zu haben, ist etwas, für oder gegen das wir nichts tun können. Es ist einfach da. Oder nimm als alternatives Beispiel gern dein Herz, wenn dir deine Nase noch zu »optional« ist. Einen Glaubenssatz auf die gleiche Ebene mit dem gegebenen Herz zu stellen ist schon etwas sehr dramatisch, meinst du nicht?

2. Wenn du sagst »tief sitzend«: Von wie tief sprechen wir? Magenhöhe? Im Intimbereich? Oder gar noch tiefer? Auf Höhe der Kniekehlen? Und falls ja, wie kommst du zum Knie? Gelangst du hier direkt von außen heran oder musst du den ganzen Weg durch den Rachen hinunterkommen? Wo ist dieser Ort »tief sitzend«, von dem alle immer sprechen? Wie kannst du etwas an einem Ort bearbeiten, von dem du nicht genau sagen kannst, wo er überhaupt ist? Und wie empfindest du etwas, das »tief sitzend« betitelt ist? Glaubst du von vornherein, dass es leicht oder eher schwierig wird? Denn so, wie du deine Realität durch Worte erschaffst, so wirst du sie wahrnehmen.

3. und letztendlich betrachten wir das Wort »Glaubenssatz«. Wenn ich diesen Begriff nehme, der bereits ein Wolkenwort in sich darstellt, dann gibt es hierzu viele Ansichten. Wenn

ich das Wort in einem Raum von 20 Menschen ausspreche, weiß jeder, was gemeint ist, weil jeder eine eigene Vorstellung davon hat. Aber die meisten haben nicht die gleiche Vorstellung bzw. würden es exakt gleich beschreiben. So, als ob diese 20 Menschen um die lila Wolke herumstehen, würde jeder Blickwinkel etwas leicht anderes ergeben, auch wenn einige Beschreibungen sehr ähnlich wären. Was ist somit nun ein sogenannter Glaubenssatz? Wenn wir das ganze Bling-Bling und die spektakulären Verkleidungen entfernen, dann ist ein Glaubenssatz nichts weiter als ein Gedanke, der von uns über einen zeitlichen Rahmen immer und immer wieder gedacht wird. Erinnere dich: Ein Wolkenwort ist eine Zusammenfassung aus vielen Wörtern. Somit ist das Wort »Glaubenssatz« eine Zusammenfassung aus den folgenden Worten: »Ein Gedanke, den wir über einen zeitlichen Rahmen immer und immer wieder denken und dadurch irgendwann glauben.« Da wir unsere Realität durch unsere Gedanken erschaffen, bedeutet das, dass wir von diesem Gedanken überzeugt sind. Schließlich denken wir ihn immer wieder. Das sollte, wie zu Beginn des Buches bereits erwähnt, laut unserer unbewussten Logik genug Beweis für die angebliche »Wahrheit« sein, oder? Doch Fakt ist, und das will dein Ego auf gar keinen Fall hören: Nur, weil du etwas denkst oder fühlst, bedeutet es nicht, dass es wahr ist, sondern nur, dass du denkst und demnach fühlst. Nicht mehr und nicht weniger!

Der Satz »Ich habe tief sitzende Glaubenssätze« befördert dich durch die Beschreibung deiner Situation in eine sehr ohnmächtige Position, in der du oft das Gefühl hast, nichts dagegen tun zu können, da du die Wolke nicht einmal greifen kannst. Und wenn dir zusätzlich suggeriert wird, dass du dies nur »auflösen« kannst, wenn du »tiefe innere Arbeit« leistest, gerät die Lösung durch diese Wolken-Formulierung ebenfalls in weite Ferne. Du kannst dir sicher vorstellen, welche absurden Bilder mir bei dieser Formulierung in den Kopf kommen. Denn wie »lösen« sich diese Glaubenssätze dann auf? Blubbernd wie eine Brausetablette? Es dient dir einfach in keiner Weise, solche Formulierungen zu benutzen, da sie dich mental schwach werden lassen! Sag stattdessen einfach, wie es ist! Formuliere es so: »Ich denke seit Langem / X Wochen / X Monaten / X Jahren einen Gedanken, der mir nicht dient, aber dadurch mittlerweile sehr trainiert ist und meine momentane Realität bildet.« Wer steht bei dieser neuen Formulierung zu 100 Prozent in der Kontrolle und Verantwortung? Wer stellt sich bei diesen Worten in eine machtvolle Position? Ganz genau, you, you sexy thing!

Ich weiß, unspektakulärer könnte man den Satz kaum formulieren. Doch das ist nach all den Jahren als Coach eine der akkuratesten Beschreibungen, die ich finden konnte. Erinnere dich daran, dass unser Gehirn ein Speichermedium ist und immer einen Abgleich mit dem macht, was bisher dafür gesorgt hat, dass wir noch nicht gestorben sind. Deswegen wird auch ein Gedanke, der dir nicht dient, trotzdem einfach immer weitergeführt und somit trainiert.

Anstatt also zu sagen, dass du einen Glaubenssatz **hast**, verwende demnach die Formulierung, dass du etwas **denkst**! Sag auch nicht, dass du einen Gedanken hast. Sprich es so aus, dass du die **aktive Instanz** bist, die diese Aktion ausführt. Du solltest somit aktiv »denken«, nicht passiv »haben«. Versetze dich selbst in eine Position, die dir die Kontrolle verleiht. Sei ein Verb bzw. ein Tuwort, wie man es früher genannt hat. Sei in deiner Formulierung jemand, der die Resultate selbst erschafft, nicht ein Jemand, also ein Nomen, der den Umständen ausgesetzt ist! Wir werden ganz am Ende dieses Buches erneut auf dieses Thema zu sprechen kommen. Denn das Ganze hat einen viel philosophischeren Ansatz, als du jetzt vielleicht annehmen magst.

Diese aktive Formulierung sorgt dafür, dass du dich in eine Position der Macht und Stärke begibst. Wenn du also sagst, dass du etwas denkst, das dir **nicht dient**, dann bewirkt das bereits enorm viel! Allein durch diese Formulierung wird dir bewusst, dass du somit auch die Fähigkeit hast, einen Gedanken zu wählen und zu denken, der dir **mehr dient.** Denn der Gedanke über das, was dir nicht dient, unterscheidet sich in keiner Weise von dem Gedanken über das, was dir dient. Der einzige Unterschied ist, dass der eine Gedanke bis jetzt häufiger in deinem Speichermedium Gehirn aufgenommen und somit öfter trainiert wurde als der andere. Und bevor jetzt dein Ego ausrastet, sich querstellt und schreit, dass das nicht so einfach ist, kann ich ihm nur sagen: Einen Moment, Tiger, dazu kommen wir noch! Genieß einfach die Show. Lass es uns erneut herunterbrechen und betrachten: Wo sonst wird deine Realität erschaffen, wenn nicht in deinem Verstand, geformt durch die Sprache, die du wählst?

Wolkenwörter können also, wie z. B. das Wort »Kalsarikännit«, deine Gefühlswelt erweitern, da sie für dich eine Emotion hervorrufen, die du vorher so nicht mental greifen konntest. Doch gleichzeitig sorgen Wolkenwörter dafür, dass wir in unserem Denken unklar werden. Das bedeutet, dass es echt schwer ist, mit Wolkenwörtern eine Lösung zu finden. Denn wenn du nicht nur vor, sondern sogar in der Wolke stehst, dann erkennst du nicht einmal, in welche Himmelsrichtung du gerade blickst. Wenn dann das Wolkenwort, um das herum du deine momentane Realität bildest, nicht nur 15 Meter, sondern 15 Kilometer Durchmesser hat, dann macht es einen enormen Unterschied! Falls du dich nämlich jetzt entschließt, in eine Richtung zu gehen, und nach Stunden immer noch keine Ahnung hast, wo du bist, drehst du dich vielleicht um und versuchst die andere Richtung. Das mündet in einem unfassbar hohen Energie- und Zeitverlust sowie in der Tatsache, dass du mit jedem neuen »verzweifelten Versuch« weitere Gedanken der Unsicherheit und des Zweifels ansammelst. Dabei ist die gesamte Wolke eine »Box«, die in Wahrheit nicht existiert und lediglich durch dich selbst und die Art, wie du deine Realität kreierst, erschaffen wurde. Wenn man es so betrachtet, ist es ganz schön unklug, oder?

An dieser Stelle möchte ich dir ein Bild mitgeben, das du hoffentlich nie wieder vergisst. Ich will dir eine Szene »einpflanzen«, die du bitte ab jetzt gedanklich immer mit einem Lächeln abspielst, wenn du bei dir einen nicht dienlichen Sprachgebrauch entdeckst. Ich mache es seit Jahren selbst so und kann deswegen nicht anders, als bis über beide Ohren zu grinsen oder laut loszulachen. Immer, wenn du dich dabei erwischst, dass du dir nicht dienliche Wolkenwörter benutzt, wird diese Szene vor deinem geistigen Auge abgespult. Bist du bereit?

Kennst du den meisterhaften Film »Forrest Gump«? Er gehört nicht nur zu meinen Lieblingsfilmen, sondern enthält auch eine ganz bestimmte Szene. Als Forrest an seinem ersten Schultag in den Bus einsteigt, lässt ihn keines der anderen Kinder neben sich sitzen. Plötzlich hört er die Stimme von Jenny, die ihm den Platz neben sich anbietet. Nachdem Forrest eher merkwürdig über sein Beingestell spricht, schaut Jenny ihn an und sagt den für mich magischen Satz, der seitdem mietfrei in meinem Verstand wohnt. Ich habe genau ihre Stimme im Kopf und sage ihn mir jedes Mal selbst, wenn ich mich dabei erwische, dass ich einfach »dämlich denke«. Jenny fragt Forrest ehrlich und vollkommen ohne Verurteilung: »Kann es sein, dass du dumm bist oder so was?«[8]

Bitte schau dir die Szene einfach mal an und hör genau, wie sie die Frage stellt. Es ist wichtig, dass du dich bei dieser Frage nicht selbst verurteilst, sondern über dich lachst! Sie hilft mir in solchen Momenten, mich selbst nicht zu ernst zu nehmen und zu erkennen, dass es gerade ganz schön dumm war, mir solch eine destruktive Realität zu erschaffen. Ohne Verurteilung lache ich dann über mich, entziehe mich damit komplett der Dramawelt des Egos und baue Distanz auf. Durch diese Distanz kann ich einen neuen, mir dienlicheren Gedanken wählen und eine andere Realität kreieren.

Wenn du dich also in einer Situation befindest, für die du unbedingt eine Lösung willst, dann werde dir über die Formulierung deiner Gedanken klar und darüber, welche Worte du wählst. Eine Lösung für das Problem »Ich habe tief sitzende Glaubenssätze« fühlt sich einfach viel schwerer erreichbar an als für das Problem »Ich denke seit fünf Monaten einen Gedanken, der mir nicht dient, der aber durch das wiederholte Denken trainiert wurde und deswegen gerade für mich in meiner Illusion real wirkt«.

Dir zu suggerieren, dass du nur mit einer anderen Person tief sitzende Glaubenssätze auflösen kannst, ist marketingtechnisch natürlich viel einfacher zu verkaufen. Es klingt dramatischer und sexyer als sich einzugestehen, dass man einfach **nicht dienliche Gedanken** formt. Denn sobald dir vollends bewusst wird, dass du denken kannst, was du willst, wann du willst und es einfach nur trainiert werden muss, genauso wie der dir nicht dienliche Gedanke trainiert wurde, erscheint die Lösung zum Greifen nah und real. Erst neulich habe ich einen Workshop gegeben, in dem eine Teilnehmerin felsenfest an ihrer Überzeugung festgehalten hat, dass es nicht so einfach sei und sie eine ganz schlimme Geschichte habe. Ich habe ihr immer wieder klargemacht, dass ich ihre Geschichte nicht anzweifle. Doch ich habe ihr auch gesagt, dass sie definitiv einfacher mit der gesamten Geschichte umgehen könne, sobald sie aufhört, aus ihrem verletzten Ego heraus zu sagen, dass es nicht so einfach sei. Allein durch eine Umformulierung würde sie beginnen, eine neue Realität um dieses gesamte Thema zu erschaffen. Doch zu diesem Zeitpunkt hatte ihr Ego diese mögliche Realität nicht zugelassen. Du wirst es mit dem nächsten Kapitel und dem restlichen Buch bis ins kleinste Detail verstehen!

Ich zeige dir ein weiteres Beispiel, das genau dies unterstreicht. Vor vielen Jahren hatte ich einmal ein Gespräch mit einer Dame, die ebenfalls sagte, dass sie einen tiefen Glaubenssatz habe. Sie berichtete, wie sie in einem speziellen Seminar war, um ihn aufzulösen. Da ich von Natur aus offen und neugierig bin, fragte ich, wie sie das gemacht habe. Sie erzählte, dass sie in eine Art Meditation zu einer Szene aus ihrer Jugend geführt wurde, wo sie mit einem Band »an diese Situation gebunden« war. Das Band hielt sie also sinnbildlich in dieser Situation fest. Dann sollte sie es mit einer gedanklichen Schere durchtrennen. Ich fragte sie, ob es für sie geklappt habe. Ihre Stimme wurde leiser und sie meinte: »Anfangs schon. Doch jetzt, zwei Wochen später, ist es so wie vorher.« Aus meinen Augen ist das absolut logisch. Die Gedanken, die ihren »Glaubenssatz« geformt haben, waren lange trainiert. Nur durch ein imaginäres Band sind diese Gedanken nicht plötzlich untrainiert. Die Synapsen im Gehirn sind darauf trainiert, diese Gedanken immer schneller und einfacher rauszufeuern.

Ich begann vor vielen Jahren, immer weiter zu forschen. Denn mich ließ eine Frage nicht mehr los: Was ist der eigentliche Grund dafür, dass wir überhaupt so anfällig für Wolkenwörter, dramatische Formulierungen etc. sind?

Dafür müssen wir uns im nächsten Kapitel die tückischen Vorgehensweisen des Egos anschauen. Im Laufe des Buches werden wir auch noch viele weitere Wolkenwörter, Wolkensätze und deren destruktive Natur aufdecken. Doch es ist wichtig, dass du zuerst erkennst, wie dein Ego in diesen Momenten arbeitet, damit du die Klarheit und den Fokus hast, um diese Worte und Formulierungen wirklich für dich drehen zu können. Wären wir jetzt in einem mittelalterlichen Fantasyfilm, in dem du einen Drachen besiegen willst, würde ich dich jetzt mit einer Rüstung und Zaubersprüchen ausstatten. Doch zum Glück ist es nicht so gefährlich, sondern nur eine selbst gemachte, aber sehr hartnäckige Illusion in unserer eigenen Realität. Und die Rüstung und Zaubersprüche sind deine mentale Stärke. In den vorherigen Kapiteln und im nächsten Kapitel bauen wir den Rahmen für dich. Steht dieser Rahmen nicht, wird die Methode nicht vollends greifen können. Wenn du dich also fragst, was all das mit mentaler Stärke und Resilienz zu tun haben soll, dann bitte ich dich, dem Prozess des Buches zu vertrauen. Es wird später ab einem Punkt »klick« machen und plötzlich ist die Fähigkeit da, deine gesamte Realität binnen weniger Augenblicke zu transformieren! Wir haben jetzt schon erkannt, dass wir durch bewusste Worte eine zielgerichtete und uns dienliche Realität erschaffen können. Denn faktisch ist deine momentane Realität nur da, weil du sie dir mithilfe deiner Worte so erschaffen hast. Sie ist nicht da, weil sie wahr ist, auch wenn es sich »schwer« anfühlt, dies zu akzeptieren. Doch erinnere dich an die »Was-wäre-wenn-Brille«! Was wäre also, wenn das wirklich wahr wäre. Hast du die Courage, die volle Verantwortung zu übernehmen? Und erlaubst du dir, den Gedanken zu denken, dass du es dir selbst kreiert hast?

Legen wir nun dieses Puzzlestück auch mit auf das Brett und platzieren es in die Ecke oben rechts. So langsam können wir bereits die ersten Einblicke in das Gesamtbild der mentalen Stärke erhaschen. Mental stark zu sein bedeutet also, die eigenen Worte sehr bewusst zu wählen.

KAPITEL 5

IN DER REGENTSCHAFT DEINES EGOS

An dieser Stelle will ich erneut eine Warnung aussprechen, denn jetzt geht es um den Teil von dir, der dafür sorgt, dass du leidest. Das ist der Teil, der dich immer in Konflikte geraten lässt und im Grunde jegliche Schwere in deinem Leben verursacht. Also rein faktisch bist du es selbst, aber nicht so ganz. Du wirst gleich verstehen, was ich meine. Doch es kann sein, dass dein Ego sich beim Lesen der nächsten Seiten wie ein kleiner Drecksack aufführt, dich ablenken will oder dir eine volle Ladung Widerstand vor die Füße wirft. Ich merke immer, dass ich von ihm manipuliert werde, wenn ich ein Buch lese und zu einer Seite mit für mich entscheidenden Informationen komme, aber am Ende der Seite einfach nicht mehr weiß, was ich gerade gelesen habe. Dann lese ich die Seite noch mal und noch mal. Jedes Mal frage ich mich am Ende, was ich da gerade gelesen habe.

Vielleicht kennst du dieses Phänomen. An diesem Punkt mache ich meist eine Pause, starte irgendwas anderes – und mit einem »Bäm« öffne ich dann das Buch, lese die Seite erneut und überrasche mein Ego. Das kommt dir albern vor?

Probiere es aus, so wie du bitte alles aus diesem Buch ausprobieren solltest. Es geht immerhin um deine Realität und darum, wie du damit dein Leben erschaffst. Auch wenn du vielleicht bereits viel über das Ego gelesen oder gesehen hast, empfehle ich dir, diese Seiten ganz aufmerksam zu lesen. Das Ego ist verdammt gut darin, dir zu sagen: »Das kenne ich doch schon! Das brauche ich nicht mehr zu lesen. Das ist ein alter Hut für mich.« Doch die Frage ist hier: Kennst du oder kannst du? Gerade mit solch abstrakten Themen wie Bewusstheit, Selbstvertrauen, Ego usw. kann man sich gar nicht oft genug befassen. Manchmal braucht es nur einen etwas anderen Satz oder eine leicht andere Formulierung. Plötzlich blitzt es im Kopf auf und eine Klarheit durchströmt dich, als wäre dein Gehirn mit einem Hochdruckreiniger einmal auf links gedreht und gesäubert worden.

Zu Beginn des Buches haben wir uns bereits mit der Unbewusstheit und dem Quell all deiner Probleme befasst. Nun lass uns einmal den selbst ernannten Hausherren deiner Unbewusstheit adressieren. Eigentlich war er einst ein einfacher Diener, doch da so lange niemand auf dem Stuhl des Herrschers saß, hat er es sich dort richtig gemütlich gemacht. Dein Ego sitzt also nicht rechtens auf diesem Stuhl und gibt sich dabei als »der Wahre« aus. Wann immer jemand durchs Land will, verlangt er Wegezoll. Er beschlagnahmt alles, was er in die Finger bekommt, und versucht, seine Macht ununterbrochen weiter auszubauen. Warum? Weil er weiß, dass er dort rechtens nichts zu suchen hat! Durch den Machtaufbau sorgt dein Ego dafür, dass es eine Art Rechtfertigung für seine Anwesenheit hat, falls irgendwann einmal der wahre Hausherr oder die Hausherrin zurückkommt.

In vielen alten religiösen und spirituellen Schriften heißt es, dass das Ego das »falsche Selbst« sei, und ich könnte dafür keine bessere Formulierung finden. Einen kleinen Disclaimer darf ich an dieser Stelle jedoch setzen. Auch wenn das Ego im Grunde alles Unerfreuliche in deinem Leben verursacht, bedeutet es nicht, dass es schlecht sei. Es ist in seiner Grundfunktion ein wichtiger Teil von dir. Wir haben einfach nie gelernt, mit diesem Teil umzugehen. Als Diener hatte es ja eine Funktion. Dass es sich auf den Stuhl gesetzt und die Macht übernommen hat, ging zwar von ihm aus, aber nur, weil wir es zugelassen haben. Also übernehmen WIR auch an dieser Stelle schön die gesamte Verantwortung. Ich hoffe, du warst noch einmal auf der Toilette und hast dir etwas zu trinken geholt, denn es könnte sein, dass es jetzt etwas komplexer wird.

WARUM ist das Ego dein falsches Selbst? Und vor allem, da wir uns in diesem Buch damit beschäftigen, die Dinge von Grund auf zu verstehen: WIE kommt das Ego überhaupt zu all dieser Macht? Und welche von Grund auf gute Funktion hat das Ego eigentlich gehabt?

Um das zu verstehen, müssen wir uns in erster Linie anschauen, woraus unser Universum gemacht ist. Ich gehe hier jetzt nicht auf die molekularen Aufbauten ein, sondern halte es einfach. Schau dich einmal kurz um. Leg das Buch zur Seite und schau dich eine Minute um. Was nimmst du alles wahr? Zähle für eine Minute mal alles in deinem Kopf auf.

Lies erst weiter, wenn du es gemacht hast … Ich warte. Und nicht schummeln – das ist wichtig für das Verständnis von dem, was jetzt folgt.

Ich selbst habe es das erste Mal verstanden, als ich mich ausführlich mit den Lehren von Eckhart Tolle befasst habe: Alles ist entweder eine Form oder ist Raum![9] Sei ehrlich: Als du gerade alles aufgezählt hast, hast du den Raum zwischen den ganzen Formen dazugezählt? Such dir noch einmal eine Sache, die du siehst, egal ob Tür, Topfpflanze oder dein Dackel. Blicke dieses Objekt einmal genau an. Sobald du es fokussiert hast, löse deinen Fokus und geh in die Wahrnehmung des Raums, der zwischen dir und dem Objekt ist. Du kannst diesen Raum nicht sehen, aber dafür wahrnehmen. In der Regel macht sich direkt eine gewisse Weite in dir breit und es kehrt Ruhe ein.

Das bedeutet, alles, was uns umgibt, ist entweder Form oder Raum. Die Eigenschaften hier sind recht offensichtlich, wenn man darüber nachdenkt. Raum ist ewig. Formen kommen und gehen. Jede Form hat es einmal zu einem Zeitpunkt nicht gegeben und wird es ab einem Zeitpunkt nicht mehr geben, egal, welche du siehst. Selbst bei unserer Sonne oder unserer schönen Erde ist das so. Auch wenn du gerade in einem vollkommen ruhigen Zimmer sitzt, bewegen wir uns mit unserem gesamten Sonnensystem mit geschätzten 828.000 km/h durch unsere Milchstraße.[10] Das ist eine Geschwindigkeit, die wir uns gar nicht so recht vorstellen können. Du siehst sie in der Regel nur, wenn du jemanden fragst, ob er im Haushalt helfen kann. Die Geschwindigkeit, mit der hier Ausreden kommen oder mit der sich jemand irgendwo versteckt, ist ähnlich!

Das bedeutet, ganz einfach gesagt, dass der Raum, durch den wir uns gerade bewegen, auch in zehn Millionen Jahren noch existiert, auch wenn wir mit der Erde nie wieder an genau diesen Punkt des Raums im Universum gelangen werden. Die meisten Formen, die du gerade siehst, wird es wahrscheinlich bereits in 200 oder spätestens 1000 Jahren nicht mehr geben.

Warum sind diese abstrakten Informationen wichtig, wenn wir doch einfach nur verstehen wollen, wie unser Ego funktioniert? Um es direkt greifbar zu machen, beantworte mir eine Frage und nimm dir dafür erneut eine Minute Zeit. Ich verspreche dir, wenn du die Übung machst, wird es dir einen enormen Benefit verschaffen. Lies also wieder erst weiter, wenn du die Frage beantwortet hast: Wer bist du? Erzähl es mir in einer Minute und lies wirklich dann erst weiter.

Und los!

Auch wenn ich jetzt logischerweise nicht weiß, was du gesagt hast, könnte ich mir vorstellen, dass das meiste davon auf eine Sache zurückzuführen ist: Identifikationen. Wenn ich so etwas sage wie: »Ich bin der Jens, 34 Jahre alt und Coach, Speaker und Autor. Ich bin jemand, der Sport und das Reisen um die Welt liebt ...«, dann beschreibe ich mich fast nur aufgrund von sogenannten Identifikationen. Doch was ist das überhaupt? Eine Identifikation ist etwas, durch das du dich selbst wahrnimmst und definierst. So sehe ich mich und meine Welt aus der Sicht eines Coaches, Speakers und Autors. Aus der Realität von jemandem, der gerade 34 Jahre alt ist. Aus der Brille von jemandem, der Sport liebt und gern um die Welt reist.

Doch jetzt wird es erst richtig spannend! Denn an sich wären solche Wahrnehmungen ja nicht unbedingt schlimm. Es ist dann eben einfach die Rolle, die wir in einem bestimmten Zeitraum spielen. Unser Ego liebt es jedoch, diese Identifikationen zu sammeln. Das passiert durch Formen, die du anfassen kannst, wie deinen Sportwagen, aber auch mit immateriellen Formen wie z. B. Titeln oder Eigenschaften.

Nehmen wir als Beispiel einen männlichen Manager mit 500 Angestellten. Er ist Manager! Er ist jemand! Er ist der Mann, zu dem alle kommen. Der, der entscheidet. Seine Worte haben Macht. Doch plötzlich hat das Unternehmen einen fatalen Fehler gemacht und Arbeitsplätze werden massiv gekürzt. Er verliert seinen Job, sitzt zu Hause und fühlt sich fast schon depressiv. Warum? Weil sein Ego die Identifikation des Managers angenommen hatte. Seine gesamte Realität war auf diesem Fundament erbaut. Er war in

seiner Realität Manager! Er hat die Welt durch genau diese Brille gesehen und alles hatte für ihn durch diese Manager-Brille seine Ordnung. Doch jetzt ist der Job weg. Ja, seine gesamte aufgebaute Realität ist in sich zusammengefallen. Wer ist er denn jetzt noch? Alles, was er sich aufgebaut hat, ist nun weg. Alles, was er war, ist nun nicht mehr. Einfach verschwunden in einer gefühlten unendlichen Leere. Seine gesamte Vorgehensweise, Realität zu sehen und für sich zu erschaffen, ist mit einem Schlag nichtig. Er fühlt sich komplett verloren. Er ist nicht mehr wertvoll, da er nun nicht mehr über 500 Angestellte bestimmt. Es ist die größte Tragödie und der heftigste Schicksalsschlag seines Lebens. So beschreibt er sich und seine Situation zumindest selbst.
Doch was ist in Wirklichkeit passiert? Faktisch war das nur Folgendes: Unser Manager hat einen Job ausgeübt und jetzt übt er ihn nicht mehr aus. Nicht mehr und nicht weniger. Doch in seiner Identifikation war dies die Art, wie er sich eben in dieser Gesellschaft gesehen hat. Durch sie hatte er **seinen Platz** in dieser Welt. Und mit dem Wegfall dieses Jobs zerfällt seine gesamte Realität, ohne dass er etwas dagegen tun könnte. Es folgen Panik, Orientierungslosigkeit und ein fehlender Bezug zu dem, was um ihn herum ist. Denn dieser Job hat in seiner Realität all die Jahre ausgemacht, WER ER IST!

So weit, so gut, doch das Ego hat in seiner falschen Regentschaft nicht nur die Identifikation des Manager-Jobs angehäuft. Es hat auch viele weitere Identifikationen gesammelt, etwa den Kontostand, seine Beziehungen und die verschiedenen Rollen, die er hierbei erfüllt. Objekte wie das eigene Haus und Auto oder den privaten Helikopter im Garten, der ja schon zum guten Ton gehört. Denn wenn man diesen nicht hat, dann ist plötzlich das Ansehen in der Nachbarschaft kaputt. Was übrigens auch nichts weiter als eine Identifikation ist.

Wenn wir unserem Ego freien Lauf lassen, häuft es immer mehr Identifikationen durch materielle und immaterielle Formen an, weil es dadurch eine Sache versucht hinauszuzögern: den eigenen Tod. Damit ist nicht zwingend das Ende deines Lebens gemeint, sondern das Ende deines Egos. Es ist sich nämlich voll und ganz darüber bewusst, dass es nicht wahrhaftig ist. Es ist nur ein Diener. Doch dieser Diener will eben nicht austauschbar, sondern wichtig sein. Er will am Leben bleiben. Und mit jeder Identifikation, die ihm sagt, wer er ist, kommt so etwas wie eine weitere Schutzschicht hinzu. Denn unser Ego kann sich nur durch die Identifikationen selbst »erleben«, da es kein Bewusstsein hat.

Ich bin Manager. Ich bin Vater. Ich bin reich. Ich bin der, der einen teuren Sportwagen fährt. Ich date Models. All diese und noch viele, viele weitere dienen dem Ego dazu, sich selbst vor dem eigenen Tod zu schützen. Aus diesem Grund empfinden wir oft ein starkes emotionales Leiden, wenn eine dieser Identifikationen wegfällt – wie der Job, eine Beziehung oder sogar nur, wenn eine Anrede wegfällt. All dies führt bei vielen bereits zu großem Leid.

Die meisten Menschen gelangen früher oder später an einen Punkt, an dem sie so viele Identifikationen angehäuft haben, dass sie sich völlig überwältigt fühlen. Es ist wie bei der Völlerei, einer der sieben Todsünden, nur, dass es sich nicht um Essen und Trinken handelt, sondern um ein wahnsinniges Anhäufen von Identifikationen, die sie eigentlich nur mehr und mehr belasten. Sie wagen jedoch nicht, diese loszulassen, da es so viele sind, dass sie schlichtweg eine irrationale und unbegründete »Todesangst« verspüren, wenn sie wegzufallen drohen. In späteren Kapiteln sprechen wir noch mehr über Emotionen und bringen hier mal absolute Klarheit in die ganzen Wolkenformulierungen.

Im Film »Fight Club« sagt es Brad Pitt in der Rolle des Tyler Durden mehr als zutreffend: »Alles, was du hast, hat irgendwann dich!«[11]

Wir haben uns jetzt also angeschaut, WARUM und WIE unser Ego arbeitet: Um am »Leben« zu bleiben, häuft es Identifikationen an. Lass uns einmal klären, was unser Ego denn jetzt letztendlich tut, das in uns so viel »Leid« hervorbringt. Unser Ego erzeugt durch sein Wirken ein falsches Selbst, da wir fälschlicherweise glauben, uns durch die angehäuften Identifikationen zu sehen. Das bedeutet, dass wir beginnen, uns eine Geschichte darüber zu erzählen, wer wir angeblich in Wahrheit sind. Diese Definition bauen wir ausschließlich auf diversen, teilweise auch willkürlich angehäuften Identifikationen auf. Doch das Anhäufen ist nur ein Teil des Jobs. Darüber hinaus müssen sie auch mit allen Mitteln verteidigt werden. Und als falscher Regent im Herrenhaus vollzieht er diese Amtstätigkeit stets gleich: indem er im Widerstand zu dem ist, was ist.

Bleiben wir bei dem Beispiel des verlorenen Jobs. Du kannst das Folgende natürlich auf alle Sachverhalte anwenden, bei denen eine Identifikation eingegangen wird.

Was ist hier in der ersten Instanz der Grund dafür, dass sich unser Manager depressiv fühlt und »seine Welt auseinanderbricht«? Eigentlich ist in diesem Moment nichts passiert, außer dass er die Nachricht bekommen hat, sein Job falle weg. Sein Ego, das nun eine seiner stärksten Schutzschichten zum Überleben verloren hat, schreit lauthals: »Das sollte so nicht sein, das sollte anders sein!«[12] Diesen Satz durfte ich ebenfalls durch die Lehren von Eckhart Tolle lernen. Es ist der reine Widerstand gegen das, was gerade ist.

Doch was ist Widerstand eigentlich? Denn so viele sprechen davon und streuen mit diesem Wort um sich wie ein nasser Hund, der sich schüttelt. Letztendlich ist Widerstand nur ein Gedanke. Nicht mehr und nicht weniger. Und deine Gedanken kannst du selbst wählen, richtig? Wir sind zu jedem Zeitpunkt so frei, dass wir wählen können, was wir denken wollen. Ja, wir sind sogar so frei, dass wir zu jedem Zeitpunkt Gefangenschaft wählen können, was die meisten Menschen durch ihre gewählte Sprache und ihre Gedanken ein Leben lang tun.

Das bedeutet, wenn du dich in diesem Moment beobachtest, bewusst bist und nicht den Gedanken des Widerstands wählst, entsteht in erster Instanz auch kein Widerstand zu dem, was dir gerade begegnet. Du behältst deine Klarheit bei. Ich weiß, dieser Ansatz klingt jetzt gerade noch viel zu simpel für solch ein »großes Problem«, doch genau das ist eine Art von mentaler Stärke, die du im Laufe des Buches immer mehr lieben wirst!

Denn so kann dein Ego nicht in sein Geschrei verfallen und du bleibst ziemlich unbeeindruckt. Ich muss dazu sagen, dass es zu Beginn etwas leichter gesagt als getan ist, doch nicht, weil es an sich schwerfällt, sondern lediglich, weil es eine Übungssache und momentan einfach noch untrainiert ist. Aus diesem Grund ist es übrigens etwas, das du ab sofort jeden Tag trainieren darfst, denn sonst kann es sich logischerweise niemals verbessern! Wir werden uns in späteren Kapiteln noch mehr mit einer essenziellen Übung befassen, die alle bisherigen Inhalte zusammenfasst. An diesem Punkt ist es erst einmal wichtig zu verstehen, dass wir Dinge in der Regel immer nur deshalb als sehr schlimm oder dramatisch empfinden, weil wir in unserem Ego einen Widerstand denken. Es ist niemals die Sache selbst, sondern es sind unsere Gedanken über diese Sache!

Allem, was dafür sorgen kann, dass unser Ego etwas von seinen Identifikationen verliert, wird mit Widerstand begegnet! Und dies kann von größeren Dingen wie dem Verlust des eigenen Hauses oder des Jobs bis hin zu einer imaginären Identifikation alles sein, beispielsweise, wenn du die Person bist, die in eurer Freundesgruppe immer alles plant. Du bist somit wichtig. Doch plötzlich übernimmt jemand anderes unabgesprochen diese Aufgabe. »Wie kann er es wagen? Bei allem, was ich für diese Gruppe getan habe?« Ich bin mir sicher, du kennst diese oder ähnliche Situationen.

Bei anderen erkennen wir dieses Verhalten immer sehr schnell, da wir uns nicht in der Realität dieser Person befinden! Die Schwierigkeit ist demnach, dieses Verhalten im Widerstand bei uns selbst zu beobachten und zu erkennen. Wenn wir unbewusst sind und unser Ego bereits richtig Fahrt aufgenommen hat, dann ist es deutlich herausfordernder, die eigene Klarheit beizubehalten und einzugreifen. Aus diesem Grund wird so oft empfohlen, regelmäßig Achtsamkeitsübungen zu praktizieren, einfach, damit sich solch ein destruktives Gedanken-Momentum gar nicht erst aufbauen kann. Und für diese Achtsamkeitsübungen braucht es kein stundenlanges Ritual am Morgen!

Viele schauen eine Stunde in eine Kerze, legen sich auf das Gras, schreiben in ihr Dankbarkeitsbuch, machen Yoga, trinken ihren Matcha-Smoothie – und bevor ihr Tag richtig startet, ist es 11 Uhr vormittags. Plane einfach ein, dich morgens 10 bis 20 Minuten hinzusetzen und deinen Atem zu beobachten. Ich weiß, die Kurve an Aufregung, die du jetzt schon bei dieser spannenden Übung verspürst, schlägt gleich durch die Decke. Doch glaub mir, viel mehr braucht es im ersten Moment nicht! Dazu gibt es viele gute Apps und auch kostenfreie Audios auf YouTube. Wenn es dir am Anfang schwerfällt, deinen Fokus auf deinem Atem zu halten, dann beginne mit einer geführten Meditation, die dich immer wieder auf deinen Atem aufmerksam macht oder einen gewissen Atemrhythmus anleitet. Später kannst du dann zu einer freien Meditation übergehen.

Es geht bei solch einer Übung nicht unbedingt darum, komplett gedankenleer zu werden, auch wenn das ein echt verdammt geiler Zustand ist. Du lernst in erster Linie, deine Gedanken zu beobachten und sie auch als solche zu erkennen, ohne in eine Identifikation mit ihnen zu fallen. Genau das ist eine weitere Grundeigenschaft eines mental starken Menschen. Denn mentale Stärke bedeutet, den Übergang von Bewusstheit zu Unbewusstheit zu erkennen. Es ist der Moment, in dem Gedanken dich aus der Bewusstheit des Augenblicks führen und du dann die Fähigkeit und Stärke zeigst, ihnen keine Beachtung zu schenken.

Verstehst du jetzt, was ich zu Anfang dieses Kapitels damit meinte, dass dein Ego der Teil in dir ist, der die Schwere und Konflikte verursacht, dass du es also eigentlich selbst bist, aber nicht so ganz? Genau das meinte ich damit! Denn du kannst ja nicht dein Job sein, wenn dein Job als eine Form kommen und gehen kann. Es ist lediglich die Identifikation, die du mit diesem Job eingegangen bist und durch die dein »falsches Selbst« so dargestellt wurde. Ganz schön tricky, doch ich bin mir sicher, du hast es jetzt bereits durchschaut. Im Laufe des Buches werden dir noch viele weitere dieser Identifikationen bewusst. Doch als Faustformel kannst du für dich bereits diese Regel übernehmen: Je mehr Identifikationen du unbewusst eingehst, umso weniger Leichtigkeit und Freiheit wirst du in dir selbst erschaffen können!

Manche halten an ihren egobehafteten Identifikationen fest wie Geiseln, die unter dem Stockholm-Syndrom leiden. Hierzu gibt es ein Zitat, das nicht passender sein könnte. Es wird dem berühmten Hippokrates zugeschrieben: »Bevor du jemanden heilst, frage ihn, ob er bereit ist, das loszulassen, was ihn krank gemacht hat.«[13] Es geht mir hier nicht darum, dass jemand »krank« ist wie bei einer Erkältung oder darum, eine Identifikation als »Krankheit« zu labeln. Es soll vielmehr zeigen, dass es wahrscheinlich Identifikationen gibt, die du vielleicht noch nicht zu hinterfragen bereit bist. Benutze die Inhalte dieses Buches dann bei den Identifikationen, die einen leichteren Zugang für dich bieten, und trainiere dich mit ihnen, um später die »größeren« zu bearbeiten.

Kapitel 5.1 – Woher weißt du, wer du bist?

Jetzt steht jedoch noch die Frage offen, wer du eigentlich bist, nachdem wir so viele Zeilen und Hirnschmalz dafür aufgewendet haben, um zu erforschen, wer du nicht bist. Wie du es wahrscheinlich bisher schon gemerkt hast, fügen sich, wie bereits in der Einleitung angekündigt, immer mehr Puzzleteile zusammen. Deswegen bitte ich dich noch um etwas Geduld und absolute Offenheit. Denn auch dieser Antwort kommen wir in den nächsten Kapiteln immer näher.

Zusätzlich steht auch noch die Frage im Raum, was nun die echte und konstruktive Aufgabe des Egos ist? Aber Achtung, jetzt wird's richtig wild! Ich hoffe, du kannst dich noch etwas tiefer in die abstrakte Welt deines Verstands begeben. Du merkst, ich habe es wirklich so gemeint, wie ich es geschrieben habe. Mein Ziel ist es, dass du es von Grund auf verstehst, um es danach stets im Alltag erkennen und dadurch erfahren zu können.

Das folgende Konzept gibt es in vielen alten Religionen und Philosophien, doch wir schauen uns dafür den Buddhismus an. Hier gibt es die Lehre des »Pratītyasamutpāda«.[14] Ich weiß, das klingt wie dein neues Lieblingswort. Diese Lehre gibt das Prinzip des gegenseitigen Entstehens bzw. der gegenseitigen Abhängigkeit weiter. Um das zu verstehen und dein Ego auszutricksen, stelle ich dir wieder eine Frage, die du bitte erst für dich komplett beantwortest. Nimm dir gern wieder eine Minute Zeit und lies dann erst weiter!

Bereit? Hier ist die Frage: Woher weißt du, wer du bist?

Als ich sie das erste Mal gelesen habe, bekam mein Kopf einen »Syntax Error«. Ehrlich! Ich konnte für ein paar Minuten nicht mehr klar denken. Denn auf diese Frage kannst du nicht antworten: »Ich weiß, dass ich der bin, weil ich es weiß!« Das ist genau so, als ob du ein Wort mit sich selbst erklären würdest. Wir haben bereits in der Grundschule gelernt, dass man das nicht darf.

Woher weißt du also jetzt, wer du bist? An welchen Punkten in deinem Leben machst du es fest? An welchem »Nordstern« orientierst du dich? Deinem Aussehen? Deinem Musikgeschmack? Deiner sexuellen Orientierung? Deinem Namen? Deinem Job? Denn all das sind Dinge, die sich im Laufe der Zeit verändern können. Wie willst du daher deine fundamentale Wahrheit über dich in etwas finden, das sich von heute auf morgen komplett verändern kann?

Die Lehre des »Pratītyasamutpāda« und viele andere sagen, dass Dinge immer in einer untrennbaren Verbindung zueinander entstehen. Wenn du beispielsweise beschreibst, was du tust, dann geht das nur, wenn du dadurch direkt oder indirekt das Verhalten deiner Umgebung beschreibst. Wenn du sagst, dass du bei einem Umzug Möbel schleppst, dann beschreibst du nicht nur das Tragen von schweren Gegenständen, sondern auch das Verhalten von Möbeln, die in diesem Fall z. B. schwer oder sperrig sind. Selbst wenn du sagst, dass du einfach in die Luft schaust und träumst, dann beschreibst du auch das Verhalten der Luft, die für dich durchsichtig ist und Raum bietet. Sprich, du kannst dein Verhalten nicht allein beschreiben, ohne auch das Verhalten deiner Umgebung zu erklären. Ohne das grundlegende Verhalten deiner Umgebung oder deiner Mitmenschen wäre es nicht möglich, dein eigenes Verhalten zu beschreiben.

Das ist sogar so, wenn du so etwas tust, wie dich allein in ein Zimmer zu setzen, um zu meditieren. Dann gibt es diese Sache »allein in einem Zimmer sitzen« nur, weil es andere Menschen gibt. Sonst würde es die Formulierung »allein« gar nicht geben. Ein Zimmer ist nur ein Zimmer, weil es auch das Draußen gibt. Und sitzen kannst du nur, weil der Boden dir Stabilität gibt. Das bedeutet, dass du dein

Verhalten nur beschreiben kannst, wenn du das Verhalten anderer und deiner Umgebung beschreibst. Also könnte man sagen, dass es schlichtweg nur einen ultimativ großen Organismus an Verhalten gibt, der durchgehend simultan im ganzen Universum abläuft. Man kann schlichtweg nichts definieren, ohne ein grundlegendes Verhalten von etwas anderem zu beschreiben. Nur aufgrund dieser indirekten Verhaltensdefinition ist es möglich, das, was wir primär beschreiben, überhaupt erst einzuordnen. Ich weiß, es ist noch etwas abstrakt, aber bleib bei mir – es wird gleich immer klarer!

Damit das passiert, muss ich an dieser Stelle meinen Lieblingsphilosophen mit ins Spiel bringen. Alan Watts hat es in einer von seinen Hunderten von Aufzeichnungen sehr schön gesagt. Ich zitiere ihn erst und übersetze es dann noch einmal für dich:

»That I am, involves who you are. I don't know, who I am, unless I know who you are. And you don't know who you are, unless you know who I am. There was a wise Rabbi who once said: ›If I am I because you are you. And you are you, because I am I. Then I am not I and you are not you.‹ In other words, we are not separate. We define each other. We are all backs and fronts to each other. You know, you can for example have two sticks. You lean two sticks to each other and they stand up, because they support each other. Take one away and the other falls ... We know who we are in terms of other people".[15]

Ich weiß, das ist viel Text. Aber ich übersetze ihn dir jetzt hier einmal und versuche dabei, nichts von der Message zu verändern: »Wer ich bin, beinhaltet, wer du bist. Ich weiß nicht, wer ich bin, bis ich weiß, wer du bist. Und du weißt nicht, wer du bist, bis du weißt, wer ich bin. Ein weiser Rabbi hat einmal gesagt: ›Wenn ich ich bin, weil du du bist. Und du du bist, weil ich ich bin. Dann bin ich nicht ich und du bist nicht du.‹ In anderen Worten: Wir sind nicht voneinander getrennt. Wir definieren einander. Wir sind alle jeweils die Rück- und Vorderseiten des anderen. Du kannst z. B. zwei Stöcke haben. Du lehnst diese zwei Stöcke gegeneinander und sie stehen aufrecht, da sie sich gegenseitig unterstützen. Wenn du einen Stock wegnimmst, fällt der andere um … Wir wissen, wer wir sind, im Verhältnis zu anderen Menschen.«

Glaub mir, als ich das damals das erste Mal gehört habe, dachte ich, mein Kopf würde explodieren. Ich bin mir völlig bewusst, dass es vielleicht gerade noch nicht ganz verständlich ist. Doch nimm dieses Puzzleteil und lass es einfach mal dort liegen und wirken. Du fragst dich bestimmt, was du nun damit tun sollst, denn es sollte doch um die echte und konstruktive Art des Egos gehen. Vermutlich fragst du dich auch, was all das letztendlich mit mentaler Stärke zu tun haben soll.

Wenn wir kein Ego hätten, würden wir uns nicht so erfahren, wie wir es tun. Gerade in der spirituellen Szene sprechen viele davon, dass wir unser Ego loswerden sollen. Doch ich frage mich: Und was ist dann? Klar, die ganzen unnötigen und echt destruktiven Identifikationen sind mehr als dämlich. Gleiches gilt für den ständig selbst gewählten Widerstand zu allem und jedem, der nichts als Leid hervorbringt. Wenn wir jedoch gar keine Präferenzen hätten, würden wir keinen wirklichen Weg für uns einschlagen. Demnach würde auch kein anderer Mensch einen klaren Weg für sich einschlagen. Wir würden uns nicht helfen, uns gegenseitig zu definieren und wahrscheinlich nie starke Präferenzen für etwas entwickeln.

Das bedeutet, dass unser Ego in seiner Grundfunktion echt sinnvoll ist, damit wir uns **bewusst** mit einer Sache identifizieren können. Die große Betonung liegt hier auf bewusst, um dadurch gewisse Erfahrungen zu machen und gleichzeitig zu wissen, dass wir nicht diese Identifikation sind. Das ist so, als ob du einen Film schauen würdest, bei dem du mit dem Helden mitfieberst, der in letzter Sekunde die Menschenmasse rettet, oder wenn du ein Spiel spielst, bei dem du dich komplett in einen Charakter hineinversetzt. Du könntest den Film nicht genießen, wenn du nicht involviert wärst. Du würdest das Spiel einfach langweilig finden, wenn es dir egal wäre, dass du schon wieder von jemand anderem auf »Start« gekickt wurdest und keinen Bonus erhältst. Die Kunst liegt einfach darin, das Spiel bewusst zu spielen. Sei der Manager! Geh voll in das Spiel hinein und nutze diese Identifikation bewusst, um all die Erfahrungen eines Managers zu machen. Sei dir jedoch bewusst, dass es nur das Ende dieses einen Spiels ist, wenn diese Form und damit die Identifikation endet. Genau das ist die Funktion des Dieners. Er ist dazu da, dir zu helfen, das Spiel zu spielen bzw. die Regentschaft zu führen. Doch es war nie die ursprüngliche Absicht, dass dein Ego sich auf den Thron setzt. Das hat es nur getan, weil du es zugelassen hast!

Also woher weißt du, wer du bist? Du kannst dich nur beschreiben und selbst erfahren, weil du das Verhalten von anderen siehst und wahrnimmst. Woher weißt du sonst, dass du z. B. selbstbewusst, mutig oder ängstlich bist? Wenn niemand dir ein anderes Verhalten zeigen würde, könntest du dein Verhalten nicht einordnen. Woher weißt du, was dir wichtig ist, wenn du dich nicht in das Spiel hineinwirfst, um es herauszufinden? Du weißt es nur, weil anderen Menschen die gleichen oder eben andere Dinge wichtig sind! Sie helfen dir dabei, deine eigenen Präferenzen zu erkennen. Demnach kannst du verdammt dankbar für das Verhalten deiner Mitmenschen sein, auch wenn du dies nicht immer gutheißt. Denn sie helfen dir, zu erkennen, **wer du bist** und was dein Verhalten für dich bedeutet!

Eine Sache müssen wir uns in diesem Zusammenhang aber noch anschauen. Sie ist unerlässlich und wird im Laufe des

Buches noch häufiger angesprochen. Es gibt von Buddha viele Lehren über Leid und Schmerz. Und da mir bewusst ist, dass dieses Kapitel bereits mehr als krass ist, halte ich es an der Stelle ganz einfach.

Würden wir keinen Schmerz erfahren, wenn »eine Form« endet, wüssten wir nicht, was uns wichtig ist und was wir wirklich wollen. Doch was ist mit diesem Schmerz gemeint? Damals im alten Indien gab es das Wort »Kontrast« so noch nicht. Um die mentale Stärke zu trainieren, würde ich es im Sinne dieses Buches ab sofort als »Kontrast« betiteln und nicht als »Schmerz«. Schmerz beinhaltet direkt eine negative Assoziation, auch wenn Schmerz an sich gut sein kann. Das ist z. B. so, wenn du merkst, dass die Herdplatte heiß ist und du deine Hand schnell wegziehst, bevor du dich schlimmer verbrennst. Lass uns deswegen ab jetzt das Wort »Kontrast« benutzen. Wir müssen also Kontraste erfahren, um zu wissen, was wir wollen und nicht wollen. Du weißt, dass du eine liebevolle Partnerschaft willst, wenn du entweder den Kontrast »unglücklich Single« oder »in einer schrecklichen Beziehung« hast. Du weißt, dass du gesund sein willst, wenn du im Kontrast »krank« bist. Du weißt, dass du mehr Geld willst, wenn der Kontrast so aussieht, dass in der Leere deines Bankkontos ein Echo widerhallen kann. Das bedeutet: Wir wissen nur durch diese Kontraste, was wir letztendlich wollen! Kontraste in sich sind absolut neutral. Sie sind weder gut noch schlecht und sollten auch als solche betrachtet werden. Stell sie dir einfach als schwarzen Strich auf einem weißen Blatt vor. Weiß und Schwarz sind weder gut noch schlecht, diese beiden unbunten Farben stehen lediglich in einem Kontrast zueinander. Dies ist genau der Kontrast, aus dem du dann deine Präferenz wählen kannst.

Das ist allerdings nur für Menschen möglich, die eine gewisse mentale Stärke in diesem Zusammenhang aufweisen. Mir ist ebenfalls komplett bewusst: Nur noch 100 Euro auf dem Konto zu haben, wenn eine Rechnung ansteht und der

Monat noch acht Tage hat, wird eher als bescheidene Situation eingestuft anstatt als Kontrast. Glaub mir, an dem Punkt war ich auch mehr als einmal! Doch wenn du es schaffst, das Ganze so zu sehen, wie es ist, anstatt in Bewertungen zu fallen, behältst du deine Klarheit und kannst nach einer Lösung suchen. Wir werden uns die Methode, um genau das zu erreichen, im Laufe dieses Buches noch anschauen. Kontraste sind demnach mehr als notwendig, um aus Möglichkeiten das wählen zu können, was wir letztendlich wollen. Was jedoch an dieser Stelle absolut überflüssig ist, ist das Leiden, das bei fast allen Menschen auf Autopilot damit einhergeht. Denn: Leiden entsteht nicht aufgrund der Umstände, sondern durch mentale Schwäche, die einen Widerstand zum Kontrast aufbaut! Ich empfehle dir, diesen Satz dick zu markieren und es dir immer wieder bewusst zu machen. Mentale Schwäche kann temporär sein oder eben chronisch. Für die Klarstellung ist noch etwas wichtig zu erwähnen: Es ist nichts Schlimmes daran, wenn man einmal in einer Situation oder einem Lebensbereich mental schwach ist. Denn auch das ist nichts weiter als ein Kontrast, der es uns erst ermöglicht, bewusst zu wählen, was wir wirklich erfahren wollen.

Wenn wir **unbewusst** in einer **destruktiven Identifikation** stecken, dann beginnen wir zu **leiden**, sobald etwas mit dieser Identifikation passiert. Denn unser Ego sagt dann so etwas wie: »Das sollte so nicht sein, dass ich nur noch 100 Euro auf dem Konto habe, das sollte anders sein!« Wir stecken bis zum Hals im **Widerstand** gegen diese Situation und glauben in unserem vernebelten Zustand der Geschichte unseres Egos, dass wir dadurch dem »Tod« etwas näherkommen. Das führt zum Leiden, weil wir in unserer unbewussten Vernebelung Widerstand aufgebaut haben. Dies bedeutet, dass Kontraste ohne Widerstand absolut notwendig für uns sind, um Klarheit zu gewinnen. Kontraste sind für uns unendlich wertvoll, wenn wir bewusst mit unserem Ego in das Spiel eintauchen. Leiden ist hingegen vollkommen überflüssig, unnötig und entsteht nur, wenn wir einer Unbewusstheit verfallen sind. Also kann man sagen, dass jegliches Leiden von dir zu jedem Zeitpunkt frei gewählt ist. Denn das Leiden ist ein rein mentaler Zustand, der von niemandem außer dir selbst hervorgerufen werden kann. Erkenne ich da etwa masochistische Züge bei dir?

Ich gebe dir noch ein simples Beispiel, das es noch einmal anders beschreibt: Du hast dich neu in einem Sportstudio angemeldet, um etwas für deine Fitness zu tun. Bei einigen Geräten merkst du, dass deine Schulter etwas schmerzt. Leiden wäre hier die Geschichte, die du dir selbst aus deinem Ego heraus erzählst: »Damals war dies und jenes passiert, als ich von einem Gerüst gefallen bin, als ich meinem älteren Nachbarn bei XY geholfen habe. Jetzt habe ich diese Schmerzen. Diese verdammten Schmerzen machen mir wirklich das Leben zur Hölle. Jetzt sind sie sogar da, wenn ich was dagegen tun will. Es ist so, als ob ich sie wohl niemals loswerde.« Ich gehe davon aus, dass du die dramatische Geschichte des Egos hier schnell erkannt hast. Das ist der Widerstand zu: »Es hätte so nicht sein sollen, dass ich etwas Gutes tue und dann dabei solche Schmerzen erleide. Das hätte anders sein sollen.« Es ist die unbewusste Identifikation mit einer Opferrolle, weil scheinbar nichts dagegen getan werden kann.

Doch was sind in diesem Beispiel die Kontraste? Zum einen, dass die Schulter schmerzt. Zum anderen, dass manche Übungen bei der Ausführung ebenfalls Schmerzen hervorrufen. Und auch, dass die Schmerzen durch einen Unfall begonnen haben. Was können wir nun aus diesen Kontrasten an Klarheit gewinnen? Aus dem Kontrast zum Ursprung könnte die Erkenntnis erfolgen, dass die Schulter gegebenenfalls noch einmal geröntgt werden sollte, falls das noch nicht geschehen ist. Es könnte zeigen, dass die Schmerzen da sind, weil bis jetzt nichts für eine schmerzfreie Schulter unternommen wurde, wobei die Anmeldung im Gym der erste Schritt war. Es zeigt auch, dass es sein kann, dass die Schulter anfangs bei manchen Übungen noch schmerzt, diese Schmerzen jedoch verschwinden, sobald sich etwas mehr Muskulatur aufgebaut hat, weil dadurch eine erhöhte Stabilität erreicht wurde. Du siehst, wir können schlichtweg eine simple Klarheit aus den Kontrasten gewinnen, ohne uns eine dramatische und widerstandsbehaftete Geschichte zu erzählen.

Die bisherigen Beispiele waren bis jetzt nur auf uns selbst bezogen. Was ist aber denn mit den Kontrasten, die durch andere an uns herangetragen werden?

Es gibt in der Persönlichkeitsentwicklungsszene dazu ein Vorgehen, bei dem ich seit Jahren Ohrensausen bekomme. Denn es gibt Sätze, die dafür verantwortlich sind, dass viele Menschen keine oder deutlich weniger Kontraste wahrnehmen und sich damit selbst am Wachstum hindern. Überall lese und höre ich die Sprüche: »Der Vergleich tötet dein Glück.«, »Vergleich dich nicht. Du bist einzigartig.«, »Wer sich vergleicht, verliert sich als das Unikat, das er ist.«

Ich verstehe die Intention hinter diesen wunderbaren Kalenderspruch-Weisheiten mit Glitzer-Schmetterlingen, aber dass die Formulierungen hochgradig destruktiv sind, erzählt einem niemand. Das ist der Grund, warum ich in den vorherigen Kapiteln die Messlatte für die Wortwahl so hoch gelegt habe.

Lass es mich erklären. Die meisten, die solche Sätze benutzen, nehmen dazu diese bekannte Metapher: »Ein Kind fällt auch 1.000 Mal hin, wenn es laufen lernt. Doch es vergleicht sich nicht mit anderen und gibt dann auf. Sonst würden wir heute noch alle rumkrabbeln.« Du kennst die Geschichte bestimmt, richtig? Doch schauen wir uns einmal an, was wahr ist. Aus welchem Grund will das Kind laufen?

Richtig, weil es die Fähigkeit des Laufens bei Mama und Papa sieht. Somit **muss** es sich vergleichen, um zu erkennen, dass es selbst krabbelt und die Eltern nicht. Es muss für sich durch den Vergleich erkennen: »Ich bin auf allen vieren, Mama und Papa stehen aufrecht.« Das bedeutet: Das Baby vergleicht sich ständig und nimmt es als Kontrast hin, um zu erkennen, was es will und was es nicht will. Und in dem Fall will es auch stehen, so wie seine Eltern.

Wenn ich einen anderen Coach sehe, der z. B. im gleichen Alter ist wie ich, aber fünfmal mehr Umsatz macht, vergleiche ich mich und sage mir: »Das ist also möglich? Dann kann und will ich das auch!« Ich nehme den Kontrast und gewinne Klarheit darüber, was ich will. Das bedeutet letztendlich, dass das **Vergleichen** absolut und fundamental notwendig ist, um im Leben neue Erfahrungen zu machen! Ich kann gar nicht stark genug betonen, wie wichtig dieser Satz gerade war. Lies ihn gern noch 13 weitere Male. Ein Vergleich mit anderen Menschen, mit Dingen oder Zuständen zeigt dir die Kontraste auf, die dir vorher noch unbewusst waren. Erinnere dich daran: Du weißt nur, wer du bist, weil ich weiß, wer ich bin. Wenn du dich nicht vergleichen könntest oder würdest, würde keine Entwicklung in deinem Leben möglich sein.

Doch der ausschlaggebende Punkt ist hier, dass nicht das Vergleichen dein Glück tötet, sondern deine **Bewertung**, die nach dem Vergleich im unkontrollierten Verstand folgt! Und diese findet einzig und allein in deiner selbst erschaffenen Realität statt. Ja, genau! Das ist die Realität, die in deinen 16 Zentimetern durch elektrische und biochemische Impulse hin- und hergejagt wird. Universell gesehen gibt es keine Bewertung! Es gibt weder gut noch schlecht, weder richtig noch falsch und weder gut noch böse. Wenn mit einem Schnipser die Menschheit weg wäre, wäre das dem Weltall recht egal. Die Planeten drehen sich trotzdem genau so wie jetzt noch ein paar Milliarden Jahre weiter, bis ihre Form irgendwann zerfällt. Das bedeutet, einzig und allein deine selbst erschaffene Bewertung des Vergleichs lässt dich emotional den Kopf gegen die Wand schlagen. Dies ist zu 100 Prozent frei gewählt.

Denn erinnere dich: Du kannst denken, was und wann du willst! Stell dir vor, dass du nach einem Vergleich nicht denken würdest: »Puh, ich bin echt ein Loser. Schau dir den an, der hat einfach ein fünfmal so großes Business in der gleichen Zeit aufgebaut.« Offensichtlich geschieht dies aus Mangel und Neid. Stattdessen wählst du schlichtweg **einen anderen Gedanken** wie: »Puh, das ist krass! So etwas ist auch möglich, obwohl er genau so lange dabei ist wie ich?! Das schau ich mir genauer an. Denn das will ich auch.« Sprich: Es folgen kein Widerstand, kein Geheule oder Gejammer, was gerade in der Gesellschaft zur neuen Nationalhymne geworden ist. In diesem Moment hast du dir buchstäblich eine andere Realität erschaffen! Diese Realität dient dir mehr. Es entsteht eine andere Realität durch einen schlichtweg anderen Gedanken. Denn deine Gedanken sind, wie bereits erwähnt, die **einzige** Instanz, durch die deine Realität erschaffen wird, während die andere, dann nicht gedachte Realität logischerweise nicht existent ist.

Mentale Stärke ist, sich ständig zu vergleichen, um Kontraste für das eigene Wachstum zu erfahren, aus den Kontrasten Klarheit darüber zu gewinnen, was du willst und was nicht, und dann in diese Richtung weiterzugehen.

Mentale Schwäche besteht darin, sich ständig zu vergleichen und dies zu bewerten, aus den Bewertungen in den Widerstand zu fallen und sich eine erfundene, negative Geschichte mit starken Identifikationen über sich und Anhaftungen an Umstände zu erzählen.

Noch mal als Erinnerung: Formen kommen und gehen. Wir können das Spiel mit diesen Formen komplett bewusst spielen, solange sie da sind. Wir können sie wertschätzen und lieben. Doch gleichzeitig sollten wir in der Bewusstheit darüber sein, dass es diese Form allgemein oder für uns einmal nicht mehr geben wird. Jede Form gab es einmal nicht und wird es irgendwann auch einmal nicht mehr geben.

Um es mit den Worten von Jack Kornfield zu sagen: »Everything that has a beginning, has an ending. Make your peace with that and all will be well.«[16] Das bedeutet auf Deutsch Folgendes: »Alles was einen Anfang hat, wird auch ein Ende haben. Mach deinen Frieden damit und alles wird gut.«

Ich gebe dir ein zusätzliches Beispiel aus der Geschichte, bei dem es noch einmal deutlicher wird, wie wichtig diese Bewusstwerdung ist. Es gibt viele Hinweise, dass den Generälen im antiken Rom Sklaven an die Seite gestellt wurden, nachdem sie in einer Schlacht siegreich waren. Diese Sklaven hatten nur eine Aufgabe: ihnen immer wieder ins Ohr zu flüstern und sie somit daran zu erinnern, dass auch sie nur Menschen sind und irgendwann sterben werden. Neben dem Punkt, dass sie dadurch demütig und wachsam bleiben sollten, hatte es die weitere Funktion, dass sie sich stets ins Bewusstsein riefen, dass auch sie fehlbar waren.[17] Ob es stimmt oder nicht: Der Grundgedanke dahinter ist unfassbar spannend!

Unser Manager aus dem vorherigen Kapitel litt, weil er seinen Job verloren hatte. Seine Unbewusstheit und Identifikation haben dazu geführt, dass seine Welt »zusammengebrochen« war. Seine Bewertung des neuen Umstands zog ihn komplett herunter. Durch seinen unbewussten Widerstand aus dem Ego heraus war sein Leiden völlig frei gewählt. Das ist bilderbuchmäßig dargestellte mentale Schwäche! Wenn er diesen Kontrast als solchen erkannt und verstanden hätte, dass er nicht sein Job ist und im Grund nichts weiter passiert ist, als dass eine Identifikation zerfallen ist, hätte er aus dieser Situation Klarheit gewinnen können. Er wäre sich darüber bewusst geworden, was er will. Und es wäre ihm vollkommen klar gewesen, dass sein Job, so wie jede andere Form in seinem Leben, irgendwann als natürliche Konsequenz ein Ende haben würde. Das bedeutet, er hätte diesem Kontrast viel offener und klarer begegnen können. Vielleicht gäbe es noch einen Karrierewechsel in einen anderen Bereich, der ihn schon immer interessiert hat, oder einen neuen Job, in dem er noch mehr Verantwortung hätte und sich selbst mit Freude herausfordern könnte. Oder er hat jetzt durch die Auszeit die Möglichkeit, die dreimonatige Rundreise durch Australien anzugehen, die er damals in seiner Jugend nicht unternommen hatte.

Er könnte erkennen, was ihm wichtig ist. Der bewusste Umgang mit Kontrasten bei gleichzeitigem Erkennen, dass es bei weitem nicht so viel Bedeutung hat, wie er es sich dann im unbewussten Zustand mit dem Ego erzählt hat – das wäre mentale Stärke gewesen!

Du denkst jetzt vielleicht: »Ja Jens, dann sagst du ja irgendwie, dass fast alle Menschen mental schwach sind!« Genau das will ich damit sagen, doch nicht im Negativen. Ich bin auch manchmal in gewissen Bereichen mental schwach oder schwächer als in anderen. Doch ich trainiere mich darauf, die einzelnen Identifikationen zu erkennen und immer mehr Bewusstheit in alle Aspekte meines Lebens zu integrieren. Meiner Meinung nach ist es nicht schlimm, wenn man mental schwach ist! Es ist jedoch schlimm, an dieser Stelle zu bleiben, denn dann erfahren wir nicht nur lediglich einen Bruchteil von dem, was wir mit dem Geschenk unseres Lebens erfahren könnten, sondern wir belasten mit dieser Schwäche auch die Menschen in unserem Umfeld, die uns lieb und wichtig sind. Mental schwach zu sein ist wie mit einem platten Reifen Fahrrad zu fahren. Es ist nicht schlimm, solange du irgendwann anhältst, um den Reifen aufzupumpen, anstatt dem harten Asphalt oder den spitzen Steinen die Schuld zu geben.

Wo wir gerade bei dem Wort **»Schuld«** sind: Ich empfehle dir, es aus deinem Wortschatz zu streichen! Es ist das Lieblingswort des Egos und wurde meiner Meinung nach noch nie von einem mental starken Menschen benutzt! Schuld war früher marketingmäßig eine krasse Erfindung der Kirche. Denn die Menschen haben aus erzeugter Angst mehr Geld bezahlt, um ein paar Hundert Jahre weniger im Fegefeuer zu sein oder ein paar Meter näher an der Kirche begraben zu werden.

Streich also dieses Wort und ersetze es mit **Verantwortung**! Ich gebe dir direkt ein Beispiel aus der Praxis: Du stehst an einer roten Ampel. Von hinten kommt ein Auto, bremst etwas zu spät und touchiert leicht dein Auto. Es ist klar, dass der andere Fahrer das bezahlt, ein klassischer Auffahrunfall. Doch für dich und deine Geisteshaltung sagst du: »Ich trage die Verantwortung! Ich hätte 30 Sekunden früher aus dem Haus gehen können. Dann hätte ich nicht an dieser Ampel gestanden und dann wäre es nicht dazu gekommen.« Sag es ohne Bewertung, sondern ruhig, klar und erkenne deine Verantwortung an. Allein, dass du hier nicht in die mentale Schwäche verfällst und all deine Energie dafür verwendest, dem anderen die Schuld zuzuschieben, erzeugt bereits einen großen Unterschied in deiner Realität. Tausche Kontaktdaten aus und sei dir einfach darüber bewusst, dass es deine Verantwortung war. Denn du trägst ab sofort als mental starker Mensch grundlegend in jeder Situation die Verantwortung! Dadurch befindest du dich stets in einer unfassbar machtvollen geistigen Position! Wir kommen in den nächsten Kapiteln noch weiter darauf zu sprechen und werden uns viele Beispiele anschauen, die zeigen, wie das im Alltag aussehen kann. Bewusst die Verantwortung in jedem Lebensbereich zu übernehmen sorgt dafür, dass du nicht Gefahr läufst, in die Schuldzuweisungs-

Spielchen des Egos zu gelangen. Stattdessen bist du durchgehend in einer erhabenen Position, die das Gefühl und die Klarheit ermöglicht, Dinge verändern zu können.

Wenn wir dieses Puzzlestück jetzt oben in die Mitte legen, können wir schon einen ganz großen Teil im oberen Bild miteinander verbinden, nämlich das Stück der Un-/Bewusstheit. Es zeigt, wie über Sinne und Gedanken Realität entsteht und was unsere Sprache damit zu tun hat. Es ist das Puzzlestück, das darlegt, wie Wolkenwörter unsere emotionale Welt erweitern, aber unsere Lösungsfindung einschränken, wie wir klare Worte nutzen und die Dinge so aussprechen sollten, wie sie sind. Und es zeigt den Teil, in dem unser Ego uns mit seinen Identifikationen zum Leiden bringt. Soweit ist das schon eine ziemlich runde Sache, meinst du nicht? Dann lass uns noch tiefer in den Kaninchenbau gehen!

KAPITEL 6

DAS CREATORS SQUARE

Zu kritisieren ist einfach. Dinge kritisieren und kaputtreden ist nichts, das auch nur ansatzweise einen Vorteil bietet. Kritikern wird in der Regel keine Statue errichtet, auch erinnert man sich nicht wirklich an sie. Das Herunterreden und Kleinmachen von Dingen erfordert keine schöpferische Kraft, dagegen etwas zu erschaffen und aufzubauen schon! Ständig zu kritisieren, zu nörgeln und Ausreden parat zu haben ist pure mentale Schwäche! Sich in die Position eines »Creators«, also die Position von jemandem zu begeben, der sein Leben selbst erschafft, erfordert mentale Stärke! Diejenigen, die sich selbst mental unter Kontrolle haben, können etwas aufbauen. Alle anderen finden auf dem Weg immer passende Ausreden. Aus diesem Grund heißt mein Unternehmen »Creators Academy«. Denn alles, was ich tue, zielt darauf ab, dass die Menschen, die mit mir zusammenarbeiten oder von mir erstellte Inhalte in irgendeiner Art konsumieren, mehr und mehr zu den bewussten Schöpfern ihrer eigenen Realität werden.

In den vorherigen Kapiteln sind wir bereits richtig tief in die verdrehten Welten unseres Egos und ähnlicher Dinge gegangen. Diese Schritte waren essenziell, um das, was in diesen Kapiteln und im nächsten erklärt wird, auch umzusetzen. Alles bis jetzt war der Rahmen, damit das, was nun folgt, vollends greifen und wirken kann. Denn du liest dieses Buch ja nicht nur, um spannende Einblicke zu erhalten, sondern auch, um es in der Praxis umsetzen zu können, habe ich recht? Mit genau diesem Punkt beschäftigen wir uns jetzt. Doch auch zu diesem Part muss ich eine Warnung aussprechen. Zum einen will ich die Warnung wiederholen, die ich ganz zu Beginn dieses Buches abgegeben habe und sie sogar noch erweitern. Die Lösung und Herangehensweise, die du gleich erfährst, ist so simpel, dass dein Ego mehr als nur rebellieren wird. Denn wenn du es akzeptieren würdest, dass es wirklich so einfach ist, müsstest du dir bzw. müsste dein Ego sich eingestehen, dass all das Leid wirklich völlig umsonst war!

Dieser Ansatz ist so einfach, dass **jeder** ihn in seinen Alltag und sein tägliches Denken integrieren kann. Deine Mitmenschen werden sich wundern, warum du plötzlich so ausgeglichen bist und in dir ruhst. Versuch nicht, sie oder ihr Ego davon zu überzeugen, dass es wirklich so einfach funktioniert, sondern empfehle ihnen einfach dieses Buch.

Darüber hinaus muss ich dich warnen, dass auch die Reise in der Persönlichkeitsentwicklung an sich zu einer nicht dienlichen Identifikation führen kann. Überlege dir einmal, dass du z. B. seit fünf oder zehn Jahren dabei bist, ein Ziel zu erreichen. In der Szene werden diese Heldenreisen oft sehr, sehr hoch gelobt! Und ja, Disziplin und Kontinuität sind die wichtigsten Eigenschaften, um etwas nachhaltig aufzubauen, egal was! Doch viele haben sich so sehr mit dem Weg der Selbstoptimierung identifiziert, dass sie ihren Erfolg schlichtweg vermeiden. Denn ab dem Punkt, an dem sie den Erfolg hätten, wären sie in ihrer Identifikation nicht mehr die Reisenden, die ständig wachsen. Ich kann dein Kopfschütteln verstehen. Natürlich ist das absoluter

Käse und du kannst natürlich auch beides miteinander vereinen. Doch viele schaffen es aus diesem Grund nicht. Die Geschichte, die sie sich über sich selbst erzählen, als jemand, der auf einer Reise und Mission ist, ist eine andere Geschichte als die, die davon erzählt, wie sich all deine Kontinuität in Ergebnisse transformiert. Du kannst beides haben. Doch hierzu bedarf es der richtigen Gedanken!

Soviel zu der Warnung und einer versteckten Identifikation hinter einer guten Absicht. Lass uns zur »geheimen« Methode kommen, die dein Leben transformieren kann. Ich sage nicht, dass die Methode des Creators Square revolutionär von mir entwickelt wurde. Doch in über 15 Jahren Persönlichkeitsentwicklung, Hunderten Seminartagen, Tausenden Coachings und über 190.000 Euro, die ich bis jetzt in mich, mein Business und meine Weiterbildung investiert habe, ist dies die effektivste Methode, die ich für mich finden konnte! Ich habe aus all diesen Jahren alles Überflüssige entfernt und das, was übrig blieb, heruntergebrochen. Lass dich deswegen jetzt gleich nicht von ihrer Einfachheit irritieren. Das Creators Square zeigt in vier Quadranten ganz einfach auf, wie du deine Realität erschaffst. Du wirst es ab sofort nicht nur dafür nutzen, das zu erschaffen, was du willst. Sondern dich auch davor bewahren, das zu erschaffen, was du nicht willst!

Das, was ich an dieser Stelle am häufigsten höre, ist: »Jens, das kenn ich schon.« Ich hatte es bereits in dem Buch erwähnt. Denn die Gegenfrage hierauf ist: Kennst du oder kannst du? Denn mal ganz ehrlich und Hand aufs Herz … die Szene ist voll mit herzlichen Pappnasen, die Wissensriesen und Umsetzungszwerge sind. Das gilt gerade dann, wenn es darum geht, die Erschaffung der eigenen Realität zu meistern.

Ich will dir dieses Phänomen erklären. Ich hatte einmal fünf Jahre lang ein eigenes Fitnessstudio. Ja, der Typ, der so viel Geld in ein gemietetes Objekt investiert hat, das ich früher erwähnt hatte … das war ich. Ich liebe Fitness und Sport und ich liebe es auch, Menschen zu sehen, die ihren Körper transformieren. Doch gerade beim Punkt »Ernährung und Sport« ist es so, dass viele genau zu wissen meinen, was sie tun müssen. Einige wussten sogar besser als ich, was für sie ideal ist, obwohl ihre Gesundheit und ihre körperliche Verfassung das Gegenteil demonstriert haben. Und warum? Es geschah einzig und allein, weil sie einen eigenen Körper besitzen! Wenn es um andere Themen wie Geld, eine Beziehung oder ein Business geht, sind Menschen meist offener, da sie dies gegebenenfalls nicht haben. Doch einen Körper hat jeder. Also qualifiziert es sie ja definitiv, die absoluten Experten auf diesem Gebiet zu sein. Ich bin mir sicher, du liest erneut den Sarkasmus raus.

Das gleiche Phänomen finden wir bei Themen wie Mindset, mentaler Stärke etc., denn jeder denkt. Also muss jeder ein Experte auf diesem Gebiet sein, oder? Wer sein Leben lang diesen Denkapparat benutzt, muss es schließlich absolut draufhaben. Es geht im Grunde ja gar nicht anders, richtig? Doch auch hier zeigen ihre Resultate und die Qualität ihres Lebens, was stimmt und was nicht. Sei deswegen offen und stell dir in den nächsten Kapiteln immer nur eine Frage, wenn der kleine Diener namens Ego sich querstellen will: Kenn ich nur oder kann ich wirklich? Denn faktisch zeigen deine Resultate, wie deine momentane Realität ist. Deine Umstände sind nichts weiter als die logische Konsequenz der Realität, die du in den letzten Wochen, Monaten und Jahren durch deine Gedanken erschaffen hast. Und wenn dies so ist – und es ist so –, dann bedeutet das auch, dass andere Gedanken eine andere Realität und somit andere Umstände als logische Konsequenz erschaffen hätten. Lass diesen Satz einfach mal sacken, damit die Logik dahinter vollends greifen kann. Wenn du also einen Lebensbereich hast, mit dem du noch nicht zufrieden bist, dann mach dir an dieser Stelle noch einmal bewusst, dass die Umstände nicht so sind, weil sie wahr sind, sondern weil du sie dir durch deine Art des Denkens und deine mentale Schwäche in diesem Bereich selbst erschaffen hast, auch wenn das Ego gern die Schuld woanders sehen möchte. Übernimm hier die volle Verantwortung, selbst wenn du gerade noch nicht genau weißt, wie du es dir selbst rational verkaufen könntest. Halte die Attitüde der Verantwortung aus Prinzip aufrecht, um stets in der optimalen Ausgangslage für deine mentale Stärke zu sein.

Das Creators Square ist in vier Quadranten unterteilt. Wir schauen uns anschließend jeden einzelnen Teil noch genauer an. Durch diese Quadranten erschaffst du deine Realität und zwar immer! Das bedeutet: Wenn du diese vier Quadranten meisterst, besitzt du automatisch die mentale Stärke, um in deinem Leben alles verändern und erreichen zu können.

Die Quadranten sind: Gedanken, Emotionen, Fakten und Geschichten.

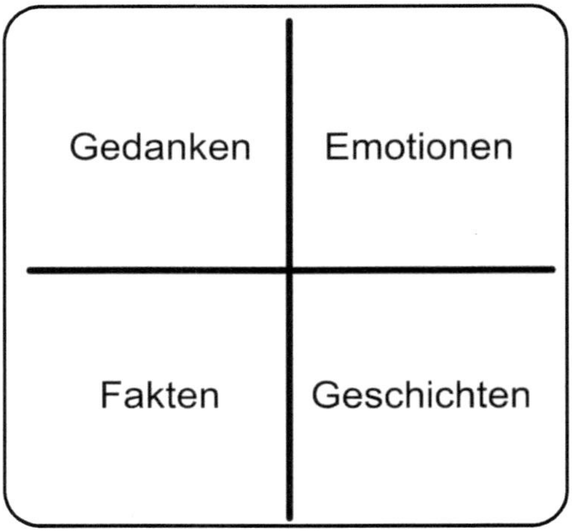

Gedanken	Emotionen
Fakten	Geschichten

Die Erschaffung deiner Realität ist in der Essenz auf diese vier Faktoren herunterzubrechen. Bist du bereit, deine neue Realität zu erschaffen? Dann lass uns loslegen, Tiger!

KAPITEL 7

DAS CREATORS SQUARE – DEINE GEDANKEN

Dies ist der erste und wichtigste Quadrant des Creators Square. Deine Gedanken bestimmen, wie deine Realität wird. Das haben wir im Grunde auf all den vorherigen Seiten mehr als ausgiebig besprochen. Doch was bedeutet es nun, im Rahmen des Creators Square die eigenen Gedanken produktiv zu nutzen?

Im vorherigen Kapitel habe ich eine meiner Lieblingsformulierungen benutzt. Und wenn ich einmal die Freude habe, dich bei einem meiner Auftritte oder Trainings auf Events oder in Firmen zu begrüßen, dann wirst du sie sehr häufig hören. Es handelt sich um die »logische Konsequenz«! Deine Umstände sind die logische Konsequenz deines Denkens. Also werden andere Umstände auch die logische Konsequenz anderer Gedanken sein.

Wenn du also in einem Lebensbereich immer wieder die gleichen unerwünschten Resultate erfährst, dann liegt es nicht daran, dass diese Resultate die Wahrheit sind. Es passiert einfach deshalb, weil du gedanklich bewusst oder noch unbewusst die meiste Energie für etwas aufwendest, das du nicht willst. Daraus resultiert als logische Konsequenz eben dieser Umstand.

Doch wie kannst du nun einen anderen Gedanken wählen, der im Laufe der Zeit andere Resultate mit sich bringt? Denn wahrscheinlich kennst du das Gefühl, dass es oft leichter gesagt ist als getan, richtig?

Stell dir dafür bitte eine Feuerwehrleiter vor.[18] Sie ist 20 Meter lang. Du stehst auf einer der untersten Sprossen. Diese Sprosse symbolisiert einen bestimmten Gedanken zu einem bestimmten Thema und du stehst nun schon eine ganze Weile dort, ein paar Wochen oder sogar Monate. Die Höhe ist für dich gewohnt und fühlt sich »ganz normal« an. Der Ausblick, den du von dieser Höhe aus erhältst, ist der, den du gerade jeden Tag hast. Von dort aus siehst du die Welt einfach in genau dem Winkel, den diese Sprosse dir ermöglicht. Doch eines Tages wachst du morgens auf und nach deinem dritten Kaffee merkst du, dass dir diese Sprosse der Schuldzuweisung und Opferhaltung nicht mehr reicht. Du hast einfach die Schnauze voll und erkennst, dass es dir dort nicht gefällt. Du triffst eine Entscheidung. Dein Blick wandert die Leiter hoch zur obersten Sprosse, auf der Freude, Leichtigkeit, Liebe und Freiheit an der Tagesordnung stehen.

Jetzt kommt die große Quizfrage und du hast leider keinen Joker mehr: Kannst du von deiner Sprosse dort ganz unten die oberste Sprosse in 20 Metern Höhe greifen? Solange du keinen Arm aus Gummi hast, wird es eher schwierig. Doch was kannst du stattdessen greifen? Richtig, eine oder zwei Sprossen über dir. Dein Ego legt womöglich jetzt ein Veto ein: »Aaaber da will ich doch gar nicht hin!« Natürlich willst du nicht dorthin, das ist ja klar. Denn dein Ziel ist es, ganz nach oben auf die Leiter zu gelangen. Deswegen ist diese Sprosse auch nur ein Zwischenstopp und nicht deine finale Destination. Hier versucht dein Ego einfach, dich knallhart zu manipulieren. Leider gelingt es ihm auch immer wieder, wenn du es nicht schaffst, die Situation klar und bewusst zu sehen.

Ich gebe dir ein Beispiel, mit dem du das Vorgehen der Manipulation in Zukunft enttarnen kannst. Es entstammt der Szene, in der es meiner Meinung nach bilderbuchmäßig schlecht gemacht wird. Es gibt Seminare, in denen dir geraten wird, an deinen Spiegel im Bad so etwas zu schreiben wie: »Ich bin Multimillionär!«, »Ich bin reich!«, »Ich verdiene 500.000 Euro im Jahr!« oder auch, um die anderen Bereiche mit abzudecken: »Ich liebe mich selbst ohne Wenn und Aber.«, »Ich bin der Inbegriff von selbstbewusst.«, »Ich liebe Sport und betreibe ihn fünfmal die Woche.«

Versteh mich nicht falsch. All diese Sätze sind an sich super! Sie sind nur nicht für jeden und in jedem Augenblick geeignet. Denn wenn der Gedanke von deiner momentanen Sprosse zu weit weg ist, dann wird es eben verdammt schwer, ihn zu greifen. Er erscheint unerreichbar weit weg von der Stelle, an der du gerade bist. Die Konsequenz sind meist Frust und ein Gefühl des Versagens. Stell dir also vor, du kommst monatlich gerade so über die Runden und schreibst dir dann an den Spiegel: »Ich bin Multimillionär!« Dein Ego hat bereits Schnappatmung vor lauter Lachen. Dein mentaler Widerstand zu dieser Aussage ist wahrscheinlich so gigantisch, dass du es selbst für einen echt schlechten Witz hältst.

Doch was ist eine intelligentere Herangehensweise? Wenn du eine neue Realität durch neue Gedanken erschaffen willst, dann darfst du einen neuen Gedanken finden, der sich auf der Leiter etwas weiter oben befindet, und nicht den, der sich ganz oben befindet, nur weil er sich am besten anhört und dein »Ziel« ist. Das bedeutet: Statt dich mit einem Gedanken zu quälen, der für dich unerreichbar erscheint, trainiere einen Gedanken, der nur etwas besser als deine momentane Situation ist. So gehst du die Leiter Sprosse für Sprosse hoch, anstatt dich voller Frust auf die oberste Sprosse zu fokussieren und dir Vorwürfe zu machen, weil du sie von dem Punkt, an dem du gerade bist, nicht erreichen kannst. Natürlich ist dies nicht die heroische und große Heldengeschichte, die wir uns am liebsten erzählen würden. Doch es ist der mit Abstand schnellste Weg! Warum sich also über Wochen mit einem Gedanken quälen, der zu weit weg ist und damit nur Widerstand hervorruft, wenn du dich schlichtweg mit Leichtigkeit auf der Leiter »hochdenken« kannst?

Nehmen wir ein weiteres Beispiel zum Thema Geld. An dieser Stelle sei gesagt, dass diese Sätze nach **meinem** Empfinden geeignet sind, um die Leiter hochzugehen. Welche Sätze letztendlich bei dir wirken, hängt von der Höhe deines mentalen Widerstands ab. Aus diesem Grund kann und sollte dir niemand diese Sätze vorgeben, sondern du allein darfst für dich entscheiden, welche Sätze am besten für dich wirken oder nicht.

Du wirst jetzt gleich natürlich Sätze lesen, die in dir ein Gefühl hervorrufen. Es ist nicht wirklich möglich, die Qualität der Gedanken den Sprossen zuzuordnen, ohne die Emotion zu betrachten, die damit kreiert werden soll. Doch Emotionen werden im nächsten Kapitel behandelt, und ich empfehle, diese folgenden Sätze recht rational zu betrachten, um die Methodik dahinter zu verstehen. Nach den Sätzen erkläre ich, welche Formulierungen ich aus welchem Grund gewählt habe. Die Sätze, die du jetzt liest, beschreiten die Leiter von unten nach oben. Mit ihnen beschreibe ich die »gedankliche Reise« eines Menschen, der kein Geld hat, aber von einem eigenen Business träumt, um sich seine Wünsche zu erfüllen und endlich mehr Geld zu machen:

- Egal was ich mache, ich schaffe es einfach nicht, zum Monatsende etwas Geld übrig zu haben, um es zu sparen. Überall sind Kosten. Ich schaffe es einfach nicht (momentane Sprosse aus dem bisher genannten Beispiel).

- Wenn es diese Mieterhöhung doch nicht gegeben hätte, dann wäre es noch mal anders gekommen. Und warum musste diese verdammte Waschmaschine jetzt auch noch kaputtgehen? Die wollen mich doch alle verarschen!

- Puh, ich könnte alles klein schlagen. Es ist so ungerecht, dass ich der Leittragende bin, ich bin gerade einfach nur wütend auf alles und jeden!

- Ich hatte doch große Träume. Sollen sie jetzt vorbei sein? Soll es also wirklich nicht für mich gedacht sein, es zu schaffen? Selbst wenn ich jeden Monat nur 200 Euro zurücklegen könnte, dann könnte ich beginnen, mir etwas richtig Geiles aufzubauen!

- Ich will doch einfach endlich starten. Warum dauert bei mir immer alles so lange und wer legt mir die ganzen Verzögerungen in den Weg? Ich konnte doch schon das »Ende des Tunnels« sehen.

- Okay … (tiefes Durchatmen), wenn ich es noch einmal versuche, ja, wenn ich mich noch einmal zusammenreiße, dann kann ich es schaffen. Ich habe die Hoffnung, dass ich es schaffen kann, wenn ich dranbleibe!

- Wenn ich es mir recht überlege, dann bin ich mir sogar sicher, dass es richtig gut wird, wenn ich jetzt noch einmal anfange. Die ganzen großen Kosten sind jetzt abgehakt und ich kann an dieser und jener Stelle noch etwas mehr einsparen, um es in meine Ersparnisse/mein Business zu stecken. Das wird richtig gut werden!

- Jetzt, wo ich mir einen Plan gemacht habe, habe ich richtig Bock darauf, diese Reise anzutreten! Ich liebe dieses Spiel und all die Facetten, die damit einhergehen. Ich sehe jetzt einfach noch viel klarer, was ich will und was ich nicht will. Let's go!

Die Stufen, die ich hier gewählt habe, sind Gedanken, die bestimmte Emotionen hervorrufen und in der Regel recht einfach vom jeweils vorherigen Gedanken aus zu erreichen sind: Vom Gedanken der Ohnmacht ging es über zur Schuldzuweisung. Natürlich ist das Zuweisen von Schuld einfach nur mental schwach. Doch jemand anderem die Schuld zu geben, fühlt sich in diesem Moment erst einmal besser an, als sich selbst ohnmächtig zu fühlen. Von der Schuldzuweisung, die immer noch sehr schwach in sich selbst ist, ging es weiter zu Gedanken der Wut. Gerade in der heutigen Gesellschaft wird Wut stets unterdrückt. Und ja, Wut ist sehr destruktiv, wenn man sie lange aufrechterhält. Doch sie ist auch gut, um aus sich herauszukommen. Sie dient dazu, aus diesem in einer Fötusposition jammernden Etwas heraus in die Expression zu gehen und sich zu befreien. Das bedeutet, eine ausgelebte Wut ist hervorragend, um wieder einen großen Schritt in Richtung der eigenen Kraft und Macht zu tun. Du kennst bestimmt das befreiende Gefühl, wenn du deine Wut einmal herausgelassen hast und diese ganze Anspannung in dir nachlässt, oder? Von hier aus geht es zur Sprosse der Enttäuschung und des Zweifelns, da du jetzt wieder etwas klarer denken kannst, weil diese »Einengung« weg ist. Der Fokus liegt ab jetzt mehr auf der Sache und nicht mehr auf dir und darauf, dass du anscheinend unfähig bist. Das erhöht dein Gefühl, die Situation bestimmen zu können. Danach ging es zum Gedanken und zur Sprosse der Ungeduld. Auch wenn diese zu destruktiv ist, um auf Dauer etwas Großes aufzubauen, so zeigt sie, dass man sich nun traut, wieder den Blick nach vorn in Richtung Ziel zu wagen, wenn man von einer unteren Sprosse kommt. Auch wenn Ungeduld letztendlich bedeutet, dass du den Moment nicht duldest, sagt sie trotzdem in der Situation auch aus, dass du glaubst, dass es passieren kann. Es ist wie mit dem Licht am Ende eines langen Tunnels. Jetzt, wo du dich dem Licht immer mehr näherst, beginnst du, Gedanken der Hoffnung zu finden. Hoffnung ist unfassbar machtvoll, wenn du sonst gerade keinen Halt findest. Zur Sprosse der Hoffnung ist zu sagen, dass sie wie ein Sprungbrett für dich funktionieren kann. Doch auf der Sprosse zu bleiben, sorgt meist für einen sehr schnellen Absturz. Hoffnung kann wie Magie auf diejenigen wirken, die einen Willen zur Veränderung haben. Doch gleichzeitig kann Hoffnung zu einem selbst gemachten, passiven Gefängnis für jene werden, die stets lediglich hoffen, dass etwas für sie passieren wird. Als Nächstes geht es dann zur Sprosse der positiven Erwartung und des Optimismus. Und letztendlich zur absoluten Liebe und zur Leichtigkeit des Spiels, das gespielt wird.

Je nachdem, wie hoch der Widerstand zu den einzelnen Gedanken und zur jeweils neuen Sprosse ist, erfordert es vielleicht mit diesem neuen Gedanken ein paar Minuten, Stunden oder Tage. Denk dran: Je häufiger der Gedanke trainiert wird, desto natürlicher fühlt er sich für dich an. Denn letztendlich ist jeder Gedanke nicht wahrhaftig, sondern spiegelt nur deine eigene subjektive und selbst erschaffene Realität. Eine Ausnahme bilden natürlich die Gedanken, die messbare Fakten beschreiben.

Kapitel 7.1 - Der Weg des geringsten Widerstands

Wie ich es erklärt habe, klingt es sehr einfach, oder? Und ja, es ist auch im Grunde genauso simpel. Es ist lediglich ungewohnt und untrainiert. Deswegen manipulieren sich die meisten Menschen immer auf dem Weg nach »oben«

selbst. Daher ziehen sich sogar immer die meisten auf eine der untersten Sprossen zurück, die für sie gewohnt ist, wenn sie eigentlich gerade dabei sind, die Leiter sehr erfolgreich hochzuklettern.

Was ist der Grund dafür? Es gibt viele, doch unter ihnen gibt es einen, der einen sehr großen Einfluss hat. Es ist der nächste Persönlichkeitsentwicklungs-Bullshit, der sich leider wie ein Virus durchgesetzt hat. Allein dadurch, dass dabei keine dienlichen Gedanken, Worte und Formulierungen gewählt wurden und deswegen eine bescheidene Ansicht über diese Realität entstanden ist.

Viele aus der Szene sagen immer folgenden Satz, um ihren »Struggle« zu rechtfertigen: »Unter Druck entstehen Diamanten!« Mach es dir bequem, denn wir nehmen diese Aussage jetzt einmal auseinander! Unabhängig davon, dass sie diesen »Struggle« selbst erschaffen haben und somit auch den »Druck«, ist es einfach unfassbar destruktiv, diesen Satz zu verwenden. Denn bist du ein verdammtes Stück Kohle? Ich denke nicht! Und darum bist du auch kein Diamant, der aus solch einem Stück entstehen könnte. Du bist ein Mensch, der mit seiner schöpferischen Kraft alles erschaffen kann, auf das er seinen Fokus und seine Energie richtet! Achte bei solchen Aussagen genau darauf, **was** du sagst! Denn diese Wolkenwörter-Formulierungen und Wolkensätze können dir sehr schnell das Leben unfassbar schwer machen! Denn welcher Druck? Befindest du dich in einer Druckluftkammer? Wodurch entsteht dieser Druck? Druck ist selbst gemacht und entsteht durch mentale Schwäche! Nicht mehr und nicht weniger. Unabhängig davon, dass es echt destruktiv ist, das Wort »Druck« zu verwenden, weil wir faktisch keinen Druck haben, ist dieser Satz vollkommen aus der Luft gegriffen. Ich weiß, ich mache mit dem »Angriff« auf diesen Satz ein riesiges Fass auf. Doch du wirst auf den nächsten Seiten und in den folgenden Kapiteln wirklich verstehen, warum diese Aussage sehr unklug gewählt ist. Denn nicht nur, dass sie dir nicht guttut; die Formulierung erschafft zusätzlich etwas Spannendes: einen kollektiven Glauben, dass es erst schlecht werden muss, bevor es besser werden kann. Dadurch bekommst du natürlich dann auch die Bestätigung und deine gesuchte Rechtfertigung, dass es normal ist, wenn es jetzt so gar nicht läuft.

Dabei ist die gesamte Situation einfach so, wie sie ist. Sie wurde schlichtweg so von dir erschaffen. Denn erinnere dich, es gibt universell gesehen keine Wertung! Also ist eine »schlechte und druckvolle« Situation auch nur so, weil du gewisse Dinge auf eine gewisse Art selbst so bewertest. Das bedeutet, es ist nicht wahr, dass du unter Druck bist, sondern du erschaffst dir selbst die Illusion von Druck durch die Gedanken, die du zu dieser Situation wählst. Diese Illusion ist ganz einfach ausgedrückt die logische Konsequenz von mentaler Schwäche. Es ist eine selbst gemachte Box, in die du dich selbst hineinbegeben hast. Doch das führt zur allgemeinen, irreführenden Annahme, dass nur der leidende und harte Weg voller »Struggle« zu einem wertvollen Ziel führt. Dabei ist diese gesamte Annahme nur aufgrund einer kollektiven, mentalen Schwäche entstanden und erhält in der Gesellschaft eine so gute Resonanz, weil der Großteil der Menschheit von ihrem Ego beherrscht wird. Und sobald das Ego »Leid« und »Schwere« hört, ist es mit am Start.

Werde dir erneut bewusst: Nur weil du etwas denkst oder fühlst, bedeutet es nicht, dass es wahr ist. Es bedeutet nur, dass du etwas denkst oder fühlst. Etwas wird somit auch nicht wahr, nur weil viele es denken und fühlen bzw. ab einem bestimmten Punkt auch glauben. Es bedeutet lediglich, dass viele es denken und fühlen! Natürlich kann man ab einer gewissen Menge tendenziell glauben, dass es stimmen **könnte**. Dass dies jedoch auch gleichzeitig fundamentale und bestialisch schlimme Folgen haben kann, haben wir in der Geschichte bereits unzählige Male erlebt.

Ich will dir hier ein Beispiel nennen, das sogar das Gegenteil der Diamanten-Kohle-Weisheit beschreibt: Rein physikalisch gesehen bestehen wir aus Energie. Und die hat ein paar richtig coole Eigenschaften. Zum einen ist sie immer da und kann nicht zerstört werden, sondern ändert nur ihre Form. Energie ist immer in Bewegung. Und neben anderen spannenden Eigenschaften hat sie auch diese: Energie geht immer den Weg des geringsten Widerstands. Immer!

Nehmen wir einen Blitz, der den Inbegriff der Energie bildet. Wo schlägt dieser ein? Auf einem Berg? Oder in einem Baum? Richtig, Sherlock, eher im Baum! Und warum? Weil dies der Weg des geringsten Widerstands ist, um von da, wo er ist, zu dem Punkt zu gelangen, den er »erreichen will«.

Ich komme ursprünglich aus dem Westerwald. Westlich davon liegt die Eifel, in der sich die Mosel befindet. Wenn du die Mosel von der Luft aus betrachtest, dann schlängelt sie sich wundervoll durch die Landschaft. Warum hat sie das getan? Als sie sich damals ihr Flussbett gegraben hat und zu einem Felsen kam, hat sie nicht gesagt: »Uhhh, hier breche ich durch! Hier werde ich beweisen, wie krass und knallhart ich bin! Ich werde allen anderen Gewässern der Welt zeigen, was in mir steckt. Wenn ich diesen ›Struggle‹ überwunden habe, bin ich ein viel stärkeres Wasser!« Nein, es hat einfach gesagt: »Oh, da links ist Sand und Erde, fließe ich mal da lang.« Die Mosel hat sich den Weg des geringsten Widerstands gesucht.

Natürlich bist du, genauso wie du kein Stück Kohle bist, auch kein Wasser und kein Blitz. Und bevor du über den Wert von Diamanten sprichst: Dieser Wert entsteht nur, weil der Diamant seltener ist als z. B. ein Kleeblatt und wir Menschen uns angewöhnt haben, seltene Dinge untereinander zu handeln. Zum Überleben an sich sind Elektrizität und Wasser deutlich wichtiger, denn einen Diamanten kannst du weder essen noch trinken. Doch ich will dir mit diesen Metaphern einfach veranschaulichen, dass du zum einen immer für alles eine passende Metapher finden wirst. Und zum anderen möchte ich eine Sache aufzeigen: Die Diamantengeschichte, die wir alle kennen, kann nur greifen, wenn wir uns selbst Druck machen. Und das passiert nur, wenn wir nicht mental stark sind. Das ist alles!

Es ist, wie gesagt, nicht schlimm, wenn es gerade so ist. Es geht hier schlichtweg darum, dass wir uns darüber bewusst werden. Denn Bewusstwerdung ist der schnellste Weg, aus den ganzen Illusionen herauszukommen. Die Metapher mit dem Wasser oder dem Blitz ist weniger mentaler Natur, sondern eine Veranschaulichung von dem, was wir auf atomarer Ebene sind, nämlich Energie. Dies gilt auch für unseren Verstand. Energie geht immer den Weg des geringsten Widerstands, ob wir Menschen involviert sind oder nicht.

In der Regel wird bei Trainings jetzt hereingerufen: »Aber Jens, was ist mit Muskeln? Die werden größer, je mehr Widerstand sie haben!« Und als ehemaliger Personaltrainer mit eigenem Fitnessstudio kann und will ich das natürlich nicht abstreiten. Doch ich kann dir sagen, dass es zwar zu 100 Prozent stimmt, aber einfach nichts mit dem vorher Gesagten zu tun hat!

Die Momente, in denen viele sich damit brüsten, dass es ein **doch so schwerer Weg ist, um ein Ziel zu erreichen**, sind rein mentaler Natur. Sie entspringen mentaler Schwäche, um genau zu sein. Aus dieser Quelle entstehen nur weitere Illusionen!

Hart zu trainieren hat nichts mit mentalem Leiden zu tun, sondern einfach nur mit Sport. Darüber zu jammern, dass es anstrengend ist, ist mentale Schwäche! Diese beiden Dinge haben absolut nichts miteinander zu tun. Das gilt auch für Aussagen wie: »Ich arbeite jeden Tag 16 Stunden.« Dann sind diese 16 Stunden Arbeit einfach Arbeit, so wie Sport einfach Sport ist. Sich eine Leidensgeschichte dazuzuerfinden, ist mental schwach. Zu erzählen, was man alles für seinen Traum opfert, ist schwach. Vor anderen mit dieser Geschichte anzugeben und für sich selbst eine Rechtfertigung dafür zu schaffen, dass es gerade so schwer ist, ist mental schwach. Mentale Stärke ist hingegen, sich ein Ziel zu setzen, es ohne mentalen Widerstand anzugehen und sich nicht vom Ego mitreißen zu lassen, um eine dramatisch heroische Geschichte daraus zu machen. Denn erinnere dich: Widerstand ist grundsätzlich immer von dir frei gewählt, weil du dich gegen die Kontrolle deiner Gedanken entschieden hast.

Das bedeutet für dich: Immer, wenn du dich vor einer Aktion nicht erst in eine mental starke Position ohne Widerstand begibst, wirst du es dir immer um einiges schwerer machen. Denn dann hast du neben der Aufgabe/Aktion auch noch dich selbst als Gegner und Bremse im Schlepptau dabei. Angenommen, du stehst vor einer Aufgabe mit dem Schwierigkeitsgrad vier von zehn. Wenn du nicht klar und ohne Widerstand bist, dann verdoppelt sich der wahrgenommene Schwierigkeitsgrad auf acht. Das bedeutet doppelt so viel Anstrengung aufgrund einer selbst erschaffenen Illusion. Erinnerst du dich noch, als ich zu Beginn des Buches gesagt habe, dass 80 Prozent der Probleme rein mentaler Natur sind und faktisch nicht sein müssten? Genau das meinte ich damit.

Um bei diesem Beispiel zu bleiben: Harte Arbeit hat einfach nichts mit Erfolg und viel Geld zu tun. Hart im Sinne von **anstrengend** arbeiten z. B. Maurer, Gärtner, Friseure oder Gerüstbauer, die bei Wind und Wetter die eiskalten Gerüste hoch- und herunterklettern. Das ist körperlich harte bzw. anstrengende Arbeit! Vor dem Laptop zu sitzen oder den ganzen Tag den Telefonhörer in die Hand zu nehmen ist keine körperlich harte Arbeit. Unter Umständen kann es auf eine andere Art anstrengend sein, wenn du dich den ganzen Tag auf Details konzentrieren musst. Doch dann ist die Arbeit nichts weiter als geistig anstrengend, so wie der Job des Maurers körperlich anstrengend ist. Beide Berufe geben dir aber nicht den Freifahrtschein, genügsam in mentale Schwäche und ins Jammern zu verfallen. Die, die es doch tun, wollen einfach Aufmerksamkeit, um ihrem Ego den Bauch zu kraulen. Denn noch mal: Das Leben ist einfach. Jeder, der dich von etwas anderem überzeugen will, will dich in sein System oder Konstrukt hineinziehen. Diese Systeme und Konstrukte sind Illusionen, die dein Ego gern als Identifikation aufnimmt.

Kommen wir zurück zu unserer gedanklichen Leiter und deinem Badezimmerspiegel. Wenn du jetzt auf der unteren Sprosse stehst, ist es einfach dämlich zu versuchen, die oberste zu greifen und dabei dem kompletten Widerstand zu verfallen! Auch hier die Erinnerung: Widerstand ist nichts weiter als etwas, das mental von dir erfunden wird. Warum also nicht den Weg des geringsten Widerstands gehen? Warum nicht einfach einen Gedanken finden, der nur etwas höher von deiner momentanen Sprosse entfernt ist, aber nicht so weit von dir weg ist, dass es Widerstand hervorruft? Es gibt nur einen Grund, es nicht zu tun. Momentan schenkst du dem Gedanken auf deiner aktuellen Sprosse noch mehr »Glauben« als dem nächsten. Das geschieht entweder, weil der jetzige Gedanke einfach sehr trainiert ist oder du durch diesen Gedanken zusätzlich eine fundamentale Identifikation mit etwas aufrechterhältst, auch wenn sie nicht wahr ist. Doch als Schöpfer deiner eigenen Realität machst du eben die Regeln und trägst demnach die Konsequenzen.

Wenn wir im nächsten Kapitel auf die Emotionen des Creators Square zu sprechen kommen, wird es direkt noch mal klarer. Falls du zur Kategorie von Menschen gehörst, die fest daran glauben, dass dich nur der harte Weg stark macht und zum Ziel führt, dann atme einmal gut durch. Denn ich behaupte, dass ich ungefähr so viel arbeite wie jeder andere ambitionierte Mensch, wenn nicht sogar stellenweise mehr, auch wenn ich gerade immer mehr automatisiere und abgebe. Ich habe genauso Herausforderungen wie jeder andere, sowohl privater als auch beruflicher Natur. Ich erziele trotzdem einen sechsstelligen Jahresumsatz, reise dabei um die Welt und helfe Tausenden von Menschen. Was also ist der Unterschied zu denen, die das Gleiche erleben und es laut eigener Aussage nur durch Härte und Stringenz geschafft haben? Richtig, sie erzählen sich eine andere Geschichte, weil sie ihre Gedanken nicht kontrollieren! Ich habe Freude auf dem Weg und erschaffe mir mit Leichtigkeit das Leben, das ich leben will. Das ist natürlich für Storytelling auf der Bühne oder in den Social Media langweilig, weil es wenig Drama hat, woran das Ego der Zuschauer anknüpfen kann. Mein höchster Wert ist aber nun mal Leichtigkeit und ich tue nichts, wenn ich diese nicht bei der Aktion verspüre. Am Ende dieses Buches gehe ich vertiefend auf die grundlegende Philosophie dahinter ein und erkläre sie logisch. Doch damit sie vollends erfasst werden kann, müssen wir uns vorher noch ein paar andere Themen anschauen. Du merkst also, dieses Buch ist nicht für diejenigen gedacht, die weiter in ihrer Drama-Welt bleiben wollen, sondern für die, die aktiv nach Lösungen und einem klareren Weg suchen!

Zurück zu der Ausgangsfrage: Warum also nicht einfach die Leiter hochdenken, ohne Widerstand? Nenn mich gern verrückt, aber ich behaupte aus Überzeugung, dass die Person schneller oben ist, die einfach die einzelnen Sprossen nimmt, ohne sich im Widerstand selbst aufzuhalten. Dies steht im Gegensatz zu der Person, die auf der aktuellen Sprosse bleibt und sich die Leidensgeschichte erzählt, dass sie so einen harten Weg hat und dass das nun mal der Preis ist, den man zu zahlen hat.

Einen »Preis« zu zahlen ist übrigens genauso unnötig dramatisch formuliert. Der Preis dafür, dass du dieses Buch jetzt liest, besteht darin, dass du in diesem Moment kein anderes Buch lesen kannst. Der Preis dafür, dass du zum Bäcker gehst, ist der, dass du nicht in der gleichen Zeit z. B. ins Fitnessstudio gehst. Es ist normal, dass wir nicht gleichzeitig in eine konträre Richtung gehen können, wenn wir eine Richtung einschlagen. Also warum es so dramatisieren, außer weil es in der eigenen mentalen Schwäche natürlich wieder dem das Drama liebenden Ego schmeichelt? Wir werden später in diesem Buch noch ganz viele solcher Formulierungen wie ein mentaler Chirurg auseinandernehmen.

Wenn ich auf Events bin und von der Bühne aus jemanden sagen höre: »Du musst den Preis für Erfolg bezahlen!«, dann kann ich meist nur lächeln und den Kopf schütteln. Menschen, die solche Aussagen tätigen, rechtfertigen sich dann zusätzlich damit, dass dieser harte Weg und ihre Opfer sie stark gemacht haben. Dadurch wurden sie dann auf das vorbereitet, was kommt, wenn man »ganz oben ist«, was auch immer das bedeuten soll. Ich bin mir sicher, du hast so jemanden im Kopf. Doch der essenzielle Punkt, den wir uns anschauen müssen, ist dieser: Was meinen sie mit »stark gemacht«? Körperlich stark, sprich Muskelaufbau? Oder meinen sie, dass sie letztendlich durch all die »Rückschläge« und »Hindernisse«, die sie auf dem Weg erlebt haben, stärker wurden, weil es ihren Glauben gefestigt hat, dass sie alles schaffen können? Ich denke, dass sie Zweiteres damit meinen.

Wow! Damit sagen sie also, dass sie aufgrund einer vorherigen mentalen Schwäche, mit der sie ihr Leiden **selbst** durch Widerstand verursacht haben, den Beweis dafür finden, dass sie es dann wieder schaffen können, wenn sie später selbst Leid erschaffen und sich erneut durch die eigene Illusion »durchkämpfen«. Stell dir bitte das Zirpen einer Grille vor, während mein entsetztes Gesicht eine Augenbraue sarkastisch nach oben zieht. Wenn mentale Schwäche durch sich selbst gerechtfertigt wird, weißt du, dass es kein Weg ist, den du gehen solltest.

Doch ich kann es total verstehen, warum sie genau das glauben. Sie haben es immerhin schon sehr lange genauso gedacht und trainiert. Und je länger wir einen Gedanken pflegen, umso mehr Momentum bekommt dieser Gedanke. Das hast du bestimmt auch schon bei dir selbst einmal festgestellt. Wenn du einen Gedanken das erste Mal in deinem hübschen Kopf formulierst, ist es dann noch irgendwie komisch, diesen zu denken. Es fühlt sich vielleicht sogar unnatürlich an. Doch je häufiger du diesen denkst, um so normaler wird er für dich. Und je häufiger es wird, umso mehr deiner schöpferischen Energie erhält dieser Gedanke. Ab einem bestimmten Punkt fühlt es sich so an, als »denke er sich von allein«. Ich bin mir sicher, du weißt, was ich damit meine. Wenn du nun also lange einen Gedanken denkst, der dir nicht dient, aber zu dieser unteren Sprosse gehört, hat er umso mehr Momentum bekommen. Jetzt gilt es **nicht**, dieses Momentum bzw. diesen Schwung zu bekämpfen, sondern deine Energie für den Aufbau des Gedankens zu verwenden, den du eine Sprosse weiter oben erreichen willst. Das aktuelle Momentum läuft sich dann von allein aus. Gib deine schöpferische Kraft demnach nie für den Kampf gegen etwas hin, sondern einzig und allein für die Erschaffung des Neuen! Je mehr du es dann trainiert hast, diesen neuen Gedanken zu formulieren und sein Momentum aufzubauen, umso mehr wirst du auf der neuen Sprosse stehen und die alte Sprosse immer mehr vergessen.

Ich bin mir natürlich auch bewusst: Solange dies nicht trainiert ist, kann es einem so vorkommen, dass man **von** seinen eigenen Gedanken gedacht wird und nicht, dass man sie selbst erzeugt. Deswegen ist Training der essenziellste Teil, wenn man mental stark werden will. Denn jeder kann es lernen! Ab einem Punkt kannst du binnen Sekunden komplett switchen und somit entsteht für dich erst gar nicht eine destruktive Realität! Neben dem bereits erwähnten morgendlichen 10- bis 20-minütigen Meditieren, mit dem du diese Fähigkeit trainierst, möchte ich dir von einem unglaublichen Mann erzählen, der die Fähigkeit auf eine einzigartige Art erklärt hat. Er ist unfassbar und sein Buch wurde zwar seit 1946 millionenfach verkauft, es bekommt aber leider heute nicht mehr die Aufmerksamkeit, die es erhalten sollte.

Die Rede ist von Viktor Frankl, einem jüdischen Psychiater und Neurologen, der 1905 in Wien geboren wurde. Er wurde gefangen genommen, genauso wie seine ganze Familie, und ins Konzentrationslager gesteckt. Aus dem Buch »... trotzdem Ja zum Leben sagen« stammt folgendes Zitat: »Zwischen Reiz und Reaktion gibt es einen Raum. In diesem Raum liegt unsere Freiheit und die Möglichkeit, unsere Reaktion zu wählen. In unserer Reaktion liegen unser Wachstum und unsere Freiheit.«[19]

In Vorträgen nutze ich die gekürzte Version: »Der Raum zwischen dem Reiz und der Reaktion eines Menschen ist seine Freiheit.« Denn eine Sache habe ich über Frankl noch nicht erwähnt: Seine gesamte Familie wurde in den Konzentrationslagern getötet und er hat diese Erkenntnis aus all diesen Erlebnissen für sich gewinnen können. Sie besagt letztendlich, dass, wenn wir einen Reiz von außen erhalten, der über unsere Sinne erfasst wird, wir dann einen Raum in uns erschaffen können, der unsere Reaktion nicht unmittelbar »kommen« lässt, uns überrennt und einnimmt. Dieser Raum bedeutet letztendlich wahre innere Freiheit. Die meisten Menschen sind nun mal vollkommen unbewusst, da sie ihre

Bewusstheit nie wirklich trainiert haben. Das führt dazu, dass wenn sie einen Reiz von außen erleben, z. B. einen kalten Wind, der um sie herum weht, und sie nicht trainiert sind, dann mit einer hohen Wahrscheinlichkeit eine direkte und wenig dienliche Reaktion erfolgen wird. Das sind Sätze wie: »Puh, dieses Scheißwetter! Kein Wunder, dass man immer krank ist. Ich könnte kotzen. Kann es nicht einfach mal schön sein?!«

Ich brauche wohl in dieser Aussage nicht auf die Summe an Schuldzuweisung und Opferhaltung hinweisen, oder? Wenn wir es schaffen, einen Raum zu kreieren, der zwischen dem Reiz und unserem Gedanken entsteht, dann erlangen wir Freiheit!

Pythagoras soll es einmal sehr treffend formuliert haben: »Kein Mensch ist frei, welcher sich selbst nicht kontrollieren kann!«[20]

Denn denk daran: Nur ganz wenige Dinge sind wirklich wahr! Der Rest ist lediglich unsere Realität, erschaffen durch unsere Gedanken und Bewertungen. Je stärker wir mit unserer Realität unbewusst identifiziert sind, umso weniger Raum können wir kreieren und sind somit »verdammt«, immer nur so zu reagieren, wie es uns unsere selbst gemachte Realität erlaubt.

Wenn du dich also in der Bewusstheit trainierst, Dinge wahrzunehmen, ohne direkt in eine konkrete Reaktion zu verfallen, dann erlangst du in dir die Freiheit, so zu reagieren, wie du es willst. Du erkennst die Täuschungen des Egos mehr und mehr. Deine Klarheit wird weiter zunehmen und du erkennst, wie machtvoll du wirklich bist!

Und wenn ein Mann wie Viktor Frankl es im Konzentrationslager unter den gestörtesten Umständen geschafft hat, seinen Verstand zu kontrollieren, dann bin ich mir sicher, dass du es ebenfalls schaffst, wenn der Drucker mal wieder nicht funktioniert oder jemand in deinem Umfeld sich nicht so verhält, wie du es dir gewünscht hast. Falls du in nächster Zeit doch unkontrolliert reagierst, wäre es eine großartige Möglichkeit, um dir die Stimme von Jenny vorzustellen, die dich wieder mit der Frage fröhlich stichelt: »Kann es sein, dass du dumm bist oder so was?«[21]

Sei also nicht der Sklave deiner eigenen Gedanken und Realität! Damit wir jedoch vollends die Kontrolle über den Aufbau unserer Realität erlangen, müssen wir uns noch die anderen drei Quadranten anschauen. Lass uns also direkt zum nächsten Teil gehen, der in der Gesellschaft deutlich mehr Aufmerksamkeit bekommt als der Teil der Gedanken, obwohl dieser um einiges wichtiger ist. Denn das, was wir im zweiten Quadranten der Emotionen fühlen, ist lediglich die logische Konsequenz aus dem, was wir im ersten Quadranten der Gedanken denken.

KAPITEL 8

DAS CREATORS SQUARE – DEINE EMOTIONEN

Beim Thema Emotionen streiten sich die Geister, und zwar ähnlich stark wie bei der Frage, ob die Toilettenpapierrolle nach vorn oder nach hinten aufgehängt werden soll. Nach vorn ist hierbei übrigens die einzig richtige Antwort. Das zeigt zumindest das Patent! Lass uns deswegen dieses Thema einmal ganz behutsam und langsam angehen. Denn es ist unfassbar wichtig, dass du dieses Kapitel sehr bewusst liest! Unser Ego ist nämlich sehr schnell darin, in Bezug auf Emotionen irreführende Annahmen in den Raum zu werfen. Was sind Emotionen eigentlich? Faktisch gesehen sind es biochemische Stoffe, die durch unseren Körper huschen und uns helfen, unsere Welt wahrzunehmen. Man könnte also sagen, dass Emotionen erlebte Gedanken sind. Sie übersetzen quasi unsere Gedanken in unseren Körper. Bevor wir weitermachen, muss ich an dieser Stelle erneut hervorheben, dass, wenn wir etwas emotional erfahren, es nicht bedeutet, dass es wahr ist. Es ist in erster Linie lediglich unsere Realität! Als mental starke Menschen dürfen wir uns das immer wieder klarmachen.

Im unbewussten Zustand sind Emotionen für uns immer gleich die absolute Wahrheit. Und wenn wir uns in diesem Zustand befinden, ist es für unser Ego ein Leichtes, mit dieser Emotion direkt in eine Identifikation zu gehen. Wie passiert das leider am allerschnellsten? Korrekt, durch die Worte, die wir wählen, während wir darüber sprechen oder denken. Mir ist bei dem, was ich gerade sage, auch bewusst, dass man meinen kann: »Sieh das doch nicht so kleinlich ... das sagt man eben so!«

Meine Antwort ist darauf: »DOCH! Denn so, wie es ist, ist es einfach unfassbar destruktiv!«

Lass es mich erklären. Erinnerst du dich, als ich zu Beginn des Buches das Beispiel aufgegriffen habe, dass viele Menschen sagen: »Ich habe einen tief sitzenden Glaubenssatz«? Der nachfolgende Satz gehört ebenfalls der Familie von schlechten Formulierungen an. Wenn sich jemand traurig fühlt, sagt die Person meist so etwas wie: »Ich bin traurig.« Alles, was nach den Worten »ich bin« folgt, formt deine Identifikation in deiner Realität. Nachdem wir in den vorherigen Kapiteln bereits beschrieben haben, was du definitiv nicht bist, ergibt diese Aussage einfach gar keinen Sinn! Denn faktisch glauben wir durch diese »Ich bin«-Formulierung, dass wir ein chemischer Cocktail sind, der gerade durch unseren Körper strömt. Ist es clever, dies so zu sagen und sich dadurch unbewusst in diesem Glauben zu trainieren? Definitiv nicht! Doch unser Ego liebt diese und andere emotionale Beschreibungen. Warum? Weil es durch diese Formulierung direkt in eine Identifikation gehen kann. Ich bin Manager, ich bin wichtig auf der Arbeit, ich bin traurig. Alles erstklassige Identifikationen, die wir einnehmen und mit denen wir eine weitere Illusionsbox in unserer Realität erschaffen. Als Reminder: Natürlich kann es sein, dass du Manager bist, dass du echt wichtig bist und auch, dass du in einem Moment einfach traurig bist. Mir geht es besonders um die unbewusste Handhabung unserer Sprache.

Denn wenn wir diese und Tausende andere so verwenden, erschaffen wir die Illusion einer Realität, die uns mehr als einengt.

»Können wir es denn nicht auch anders formulieren, sodass wir es ausdrücken und dabei komplett bewusst bleiben?« Das sind genau die Fragen, die du stellen solltest! Lass uns die Antwort erforschen. Du könntest beispielsweise einfach sagen: »Ich fühle mich traurig« oder »Ich fühle Trauer«, das ist viel akkurater. Denn hier sind wir wieder bei der Formulierung, beim ausschlaggebenden Verb, das die Emotionen fühlt. Zu sagen, dass wir etwas »sind«, lässt uns in eine eher ohnmächtige Position geraten, da wir diese Sache als fix, gesetzt und oft sogar unveränderbar wahrnehmen. Jede unbewusste Fixierung unserer Sprache über einen Umstand lässt uns mehr und mehr eine Box um uns herumbauen.

Vielleicht empfindest du die letzten Zeilen als vollkommenen und kleinkarierten Quatsch. Doch erinnere dich bitte einmal daran, als du das letzte Mal eine Ich-bin-Formulierung benutzt und eine Emotion so richtig intensiv gefühlt hast. Wie lange hat es angehalten? Wie klar warst du in diesem Moment wirklich und konntest reflektieren: »Ich bin nicht traurig, ich fühle es einfach nur ganz, ganz stark!«? Sei ehrlich! Wenn du in der Identifikation mit der Emotion bist, dann siehst du die Welt durch genau diese Brille, während du wenig bis keine Toleranz hast, etwas anderes zu sehen. Es ist nicht schlimm, wenn es so war. Ich will dich einfach nur für deine Sprache sensibilisieren, damit du sie ab jetzt anders verwendest und dir dein Leben mit deinen Worten nicht mehr schwer machst.

Kennst du Dr. Jill Bolte Taylor? Sie fand Folgendes heraus: »Es dauert weniger als 90 Sekunden für eine Emotion, um im Körper aufzusteigen und dann wieder abzuklingen.«[22] Ist das nicht absolut mindblowing? Ist dir bewusst, was das bedeutet? Als ich begann, es zu verstehen, dachte ich, ich kippe um! Diese wissenschaftliche Erkenntnis hat Folgendes gezeigt: Wenn wir durch einen Reiz eine Emotion produzieren und sie dann fühlen, hält diese etwa 90 Sekunden an. Das bedeutet, wenn du eine Emotion länger als diese Zeit fühlst, erlebst du sie nur so lange, weil du den Gedanken oder dessen Fortsetzungen immer weiterdenkst! Das führt dazu, dass, wenn du die Emotion spürst und sie in diesen 90 Sekunden voll zulässt und wahrnimmst, ihre Wirkung damit vollzogen ist.

Doch wenn du jetzt bei dem Gedanken bleibst, der diese Emotion erschaffen hat, dann fühlst du ihn immer und immer und immer weiter. Häufig so lange, bis du so sehr an ihn gewöhnt bist, dass du in eine Identifikation mit ihm gehst und ihn als deine Wahrheit betrachtest. Wir sprechen in einem späteren Kapitel noch detaillierter über diesen Prozess, da er sehr heimtückisch ist.

Lehn dich kurz zurück und überleg einmal, wie oft du schon stunden- oder tagelang eine bestimmte Emotion gefühlt hast. Dabei ist es egal, ob es Freude oder Wut war. Mach dir jetzt bewusst, dass diese Stunden oder Tage nur so schön oder schrecklich waren, weil du es komplett selbst erschaffen hast! Ist das krass oder ist das krass? Bei den für uns angenehmen Emotionen nehmen wir das natürlich gern so an, doch kannst du es auch für die annehmen, die für dich nicht schön waren? Und warum hat es sich für dich so »wahr« in dieser »intensiven« Emotion angefühlt? Richtig, weil du in einer Identifikation warst und sie dadurch als deine Wahrheit angesehen hast, auch wenn es keine Wahrheit war, sondern lediglich deine Realität. »Deine Wahrheit« ist in dem Augenblick das Einzige, was ist! Sie bildet in diesem Moment dein unumstößliches Fundament, auch wenn es faktisch nicht wahr sein musste.

Mit diesem Abschnitt will ich nicht sagen, dass wir ab sofort jede Emotion für nur maximal 90 Sekunden fühlen sollen. Der Hauptgrund dafür, diese Information in diesem Buch zu mentaler Stärke anzuführen, besteht darin, etwas Bestimmtes zu verstehen: Vom Gedanken bis zu dem Punkt, an dem die Emotion durch deinen Körper geschossen und abgebaut ist, vergehen ungefähr diese 90 Sekunden. Damit ist eine Gedanken-Emotions-Informationskette erledigt. Da wir oft noch länger an den Auslöser denken, produzieren wir diese Emotion eben immer öfter, was jedes Mal diese Abfolge auslöst. Wenn du dir darüber bewusst bist, kannst du die Kette so oft durchlaufen lassen, wie du willst, auch über Tage oder Wochen. Doch sobald du sie unbewusst benutzt, wirst du beginnen, eine intensive Identifikation mit ihr einzugehen, die deine Realität einengt. Ab dem Zeitpunkt glaubst du dann, dass du nicht die Gedanken denkst oder die Emotionen produzierst, sondern dass sie »einfach so kommen«. Denn ab diesem Punkt ist diese Kette so sehr trainiert, dass sie für dich vollkommen normal und alltäglich ist. Sie ist deine Wahrheit. Ob es faktisch stimmt oder nicht, ist ab diesem Punkt für dich egal.

Um hier auch wirklich akkurat mit der Sprache zu bleiben: Genauso wie die Worte »gut« und »schlecht« eine Bewertung sind, so ist es »intensiv« ebenfalls. Es gibt keine intensiven, guten oder schlechten Emotionen. Deine Emotionen sind lediglich die erlebbaren Wegweiser, die dir aufzeigen, ob du gerade Gedanken denkst, die dich weiter zu deinem Ziel bringen oder nicht. Jede Emotion ist verdammt hilfreich und es gibt keine, die besser oder schlechter ist. Etwas anderes anzunehmen sorgt meist nur dafür, dass du dir selbst lediglich begrenzt erlaubst, Emotionen zuzulassen. Eine Formulierung, die ich dir an dieser Stelle sehr ans Herz legen würde, ist die folgende: Es ist eine dir **dienliche** oder eben **nicht dienliche** Emotion, genauso, wie Gedanken dir dienlich oder eben **nicht dienlich** sind. Entweder bringt dich eine Emotion weiter nach oben auf der Leiter zu dem Punkt, an den du gelangen willst, oder eben weiter nach unten. Aber selbst, wenn sie dir nicht dienlich erscheint, dient sie dir trotzdem, da sie dir als ein Kontrast aufzeigt, welche Art von Gedanken du gerade formuliert hast.

Ich versuche hier in diesem Kapitel, dir ganz viele Wege aufzuzeigen, mit denen unser Ego in eine Identifikation mit unseren Emotionen geht und versucht, uns in die Irre zu führen. Denn ich kenne sehr viele Menschen, die von sich selbst behaupten würden: »Ich bin ein emotionaler Mensch.« Doch jeder Mensch hat Emotionen! Manche identifizieren sich mehr mit ihnen als andere. Andere unterdrücken sie. Wieder andere leben sie aus und manche stellen sie zur Schau. Zu sagen, dass man selbst ein emotionaler Mensch sei, bringt hier nur wieder die nächste Identifikation und Irreführung des Egos mit sich. Wenn du es dennoch sagen willst, dann verwende doch die Beschreibung, die dir mehr dient und dich in der Kontrolle lässt: »Ich lasse meine Emotionen meistens ohne Widerstand gänzlich zu.« Das klingt natürlich weniger cool, als zu sagen, dass man ein emotionaler Mensch sei. Doch es hält dich mehr in der gewünschten machtvollen Position.

Ich spreche jedoch eine Warnung an dieser Stelle aus. Den meisten Menschen, denen ich begegnet bin und die Aussagen wie »Ich bin ein emotionaler Mensch« oder ähnliche getätigt haben, haben eines gemein: Sie konnten ihre Gedanken nicht wirklich unter Kontrolle halten. Deswegen haben sie diese stets kreuz und quer schweifen lassen und unkontrolliert Emotionen produziert. Das dann zu rechtfertigen, indem man sagt: »Ich lasse meine Emotionen immer ohne Widerstand gänzlich zu«, ist natürlich dann auch eine tolle Ausrede für mentale Schwäche. Benutze darum diese Formulierung nur, wenn du bewusst mit deinen Gedanken eine Emotion produziert hast und dir über den Prozess klar bist. Lass diese Emotion dann einmal komplett wirken und wieder abklingen. Das ist eine bewusste und starke Herangehensweise für mental starke Menschen! Ich rate dir also nicht, deine Emotionen nicht zu fühlen. Ganz im Gegenteil! Fühl sie alle! Doch fühl sie bewusst und ohne Identifikation, die dafür sorgt, dass sich deine gesamte Realität nur noch um diese Emotion dreht.

Emotionen folgen also den Gedanken. Doch was ist, wenn wir eine Emotion über einen langen Zeitraum immer und immer und immer wieder produziert und somit auch trainiert haben? Es ist dir bestimmt schon einmal aufgefallen, dass du manche Emotionen viel schneller und deutlich einfacher fühlen kannst als andere, richtig? Hier gibt es einen wirklich spannenden Mechanismus im Körper, den wir unbedingt beachten müssen! Unser Körper kann nämlich nicht nur von Nikotin, Drogen, Sex etc. abhängig werden, sondern auch von Emotionen. Ja, du hast richtig gelesen. Wir können quasi unsere eigenen »Drogen« erschaffen. Ich breche es einmal ganz einfach herunter und falls du vom Fach bist, verzeih mir meine bildhafte und fast schon kindliche Erklärung. Jede Emotion verfügt als chemischer Cocktail über eine bestimmte Struktur. Sagen wir einfach, dass Freude einen Ball vorn am »Rezeptor« hat. Wut hat ein Dreieck. Trauer hat einen Tropfen oder eine Träne. Angst wird durch einen Stern symbolisiert, Frust durch eine Raute und Liebe durch ein Herz. Wenn wir jetzt eine Emotion sehr häufig im Alltag durch unsere Gedanken produzieren, wird sich unser Körper auf diese Emotion einstellen, indem er mehr von diesen »Andockstellen« für die »Rezeptoren« produziert, damit diese Emotion eben genau dort andocken kann. Wenn du jetzt beispielsweise viel Trauer produziert hast und sich dein Körper über einen langen Zeitraum sehr an diese Emotion gewöhnt hat, passiert ab einem Punkt etwas Spannendes. Eckhart Tolle nennt es den »Schmerzkörper«[23] Und zwar verlangt dein Körper förmlich nach der Emotion, die an dieser »Andockstelle« einrasten kann.

Das bedeutet, dass dein Körper deinem Verstand wie ein Süchtiger Impulse gibt, weswegen du beginnst, dich dahingehend zu manipulieren oder zu denken, dass du wieder »Trauer« produzierst. Oder du hast z. B. das plötzliche Verlangen, einen traurigen Film zu sehen.

Bei vielen Menschen, die beispielsweise das wunderbar erhellende und intelligenzfördernde Nachmittagsprogramm im TV schauen, bei dem Drama das Hauptziel der Produktion war, wirst du eins erkennen können: Die Menschen, die sich dies regelmäßig ansehen, sind meist auch kleine »Dramaqueens«. Entweder hat das eigene Leben zu wenig Drama, sodass sie es durch diese TV-Shows kompensieren müssen, oder sie haben immer nur abends Drama, wenn sie ihren Partner oder ihre Partnerin wiedersehen, brauchen aber auch am Nachmittag eine kleine Dosis. Eine der Grundaussagen ist hier: »Das hilft mir beim Abschalten.« Und das ist ganz schön clever, wie unser Ego uns hier in die Irre führt, oder? Denn es klingt einfach und plausibel! Aber versteh mich hier bitte richtig, ich schau auch beim Essen oder abends auf der Couch mal Serien. Doch wenn ich merken würde, dass ich ein Verlangen bekäme, weil es mir einen »Kick« verleiht, würde ich es sofort beenden!

Unser Körper kann somit abhängig werden und uns immer wieder zu einer bestimmten Emotion führen, wenn wir es im unbewussten Zustand einfach so zulassen. Und noch mal: Ich bin mir darüber bewusst, dass ich den Prozess hier sehr simpel heruntergebrochen habe. Wichtig ist jedoch, einfach nur zu verstehen, dass wir uns etwas Zeit geben dürfen, damit unser Körper vom Drang dieser Emotion ablässt, wenn wir eine Emotion über einen längeren Zeitraum trainiert haben! Das ist genauso, wie es zu Beginn komisch, unnatürlich oder vielleicht sogar anstrengend sein kann, neue Gedanken zu formulieren. So ist es eben auch mit Emotionen. Das Wichtigste ist hier, dass du nicht in eine destruktive Bewertung fällst, falls du es nicht direkt schaffst, vom Drang zum Drama oder zu ähnlichen Emotionen wegzukommen. Denn wenn du jetzt beginnst, dir an dieser Stelle Vorwürfe zu machen, dann hat der Mechanismus wieder zugeschlagen und hast du dir die nächste dramatische Situation erschaffen. So gerissen ist unser Ego! Es tut alles, damit wir in der unbewussten Identifikation bleiben.

Einige Akteure in der Spirituellen- und Persönlichkeitsentwicklungsszene gehen an dieser Stelle hin und dramatisieren es sogar noch mehr. Dies passiert, wenn eine Emotion wie z. B. »Unsicherheit« sehr lange trainiert ist, weil dies beispielsweise bereits im Kindesalter durch ein destruktives Verhalten der Eltern übernommen wurde. Damals war man sich als Kind natürlich noch in keiner Weise darüber bewusst. Plötzlich kommen gewisse Menschen um die Ecke und sagen: »Du hast eine tiefe Verletzung in der Seele, seitdem du ein Kind warst. Du kannst nichts dafür, dass es heute so ist, wie es ist.« Bedenke, dass es nicht bedeutet, dass die Eltern es dem Kind »gegeben« haben, auch wenn es übernommen wurde. Die Eltern haben es in dieser Situation vorgelebt, das Kind hat es über seine Sinneseindrücke wahrgenommen, verarbeitet und diese Emotion letztendlich mit den eigenen Gedanken immer wieder produziert. Das war der ausschlaggebende Faktor dafür, dass die Auswirkungen heute noch da sind. Auf den Teil mit der Seele kommen wir gegen Ende des Buches noch zu sprechen, da dies ein eigenes Thema für sich ist. Ich schreibe diesen Absatz lediglich, weil ich mich dafür einsetze, die Szene frei von diesen destruktiven Wolkenwörtern und Wolkenformulierungen zu machen, damit eine schnellere und effektivere Entwicklung möglich ist! Und gerade beim Thema Emotionen wird diese Dramatisierung mit den »seelischen Verletzungen« sehr häufig missbraucht.

Doch zurück zu dieser spannenden Aussage. Warum nutzen so viele Menschen solche dramatischen Aussagen? Lass mich dir eine Frage stellen: Was lässt sich leichter verkaufen? Und mit Verkaufen meine nicht nur etwas in der Coachingszene, sondern auch Situationen, in denen eine Person einer anderen ihre eigene Geschichte verkaufen will. Also, was ist einfacher? Wenn dir gesagt wird, dass du eine tiefe Verletzung in der Seele hast, oder wenn man dir sagt, dass du unbewusst einen dir nicht dienlichen Gedanken über einen längeren Zeitraum trainiert hast? Noch einmal: Unser Ego kann es nicht ertragen, dass es **eine einfache Lösung** gibt. Denn dann wäre all das Leiden all die Jahre unnötig gewesen! Du erahnst die Antwort bestimmt schon, oder? Es ist die Antwort, die mehr Drama und Schuldzuweisung beinhaltet. Deswegen will das Ego einen komplexen, dramatischen Prozess, der schwierig zu vollziehen ist, damit es darin seine Rechtfertigung findet, anstatt zu sagen: »Ich habe durch das unbewusste Aufnehmen der Worte/Taten meiner Eltern während meiner Kindheit einige Gedanken selbst begonnen zu denken und trainiert, wodurch ich die Emotion Unsicherheit häufig produziert habe. Durch dieses Training habe ich die Emotion im Laufe meines Lebens für mich normalisiert und meinen Körper darauf konditioniert. Doch ich weiß, dass ich nicht meine Emotion bin. Nur weil ich etwas denke oder fühle, bedeutet es nicht, dass es wahr ist. Aus diesem Grund beginne ich jetzt, neue Gedanken zu trainieren, um meinen Körper hin zu einem konstruktiveren Verlangen zu bringen, was automatisch bedeutet: weg von destruktivem Verlangen. Ich bin mir darüber bewusst, dass ich es trainieren darf und es nicht von heute auf morgen geht.« Ich weiß, das ist gähnend langweilig, oder? Doch das wäre, wenn man es sehr akkurat betrachtet, lediglich die Vorgehensweise, die erforderlich ist!

Abschließend für dieses Kapitel müssen wir uns einen Punkt anschauen, der viele Menschen triggern wird. Ich bitte dich, dich selbst genau zu beobachten und zu erkennen, was du fühlst, wenn du diese nächsten Zeilen liest. Bevor ich diesen sehr populären Prozess in der Persönlichkeitsentwicklungsszene einmal auseinandernehme, will ich eine Sache klarstellen: Ich glaube, dass dieser Prozess tatsächlich für viele Menschen sehr gut ist! Er ermöglicht ein Fortschreiten derer, die mental noch nicht auf der Ebene sind, auf der sie bewusst ihre eigene Realität kreieren können. Für die, die echte mentale Stärke anstreben, ist er aber ein Rückschritt, da er sie wieder mehr in »blinde Aktionen« verfallen lässt, anstatt ihre Realität durch die Macht ihrer Gedanken zu erschaffen. Doch für manche ist die bekannte Vorgehensweise, die ich gleich beschreibe, momentan noch die Beste. Und das ist absolut nicht verwerflich. Wisse einfach, dass du dich zum Prozess aus diesem Buch hintrainieren kannst, wenn du es denn willst und bereit bist. Es ist ähnlich wie die Grundregel in einem Swingerclub: Alles kann, nichts muss! Wenn wir uns in der Szene umschauen, finden wir, wie ich es bereits in einem vorherigen Kapitel erwähnt habe, Wissensriesen und Umsetzungszwerge. Viele kommen einfach nicht in die Umsetzung, sondern sprechen nur darüber oder gehen die Veränderung lediglich in ihren Gedanken durch. Dass dies zu wenigen bis gar keinen Ergebnissen führt, sollte jedem bewusst sein. Und dann ist da in der Szene der Spruch bzw. der »Prozess«: »Tu es einfach! Auch wenn du dich nicht danach fühlst! Sei stärker als deine stärkste Ausrede!« Naja, was soll ich dazu sagen? Es ist definitiv super, wenn du noch total unbewusst bist und ständig vor dich hin prokrastinierst! Bevor du dir selbst eine richtig tolle destruktive Emotionensuppe erschaffst, geh lieber fünfmal die Woche zum Sport oder tätige die 50 Anrufe in der Woche für dein eigenes Business! Durch die Handlung erlangst du wieder ein Gefühl der Macht und der Selbstbestimmung in deinem Einflussbereich. Zudem wirst du natürlich auch einen gewissen Erfolg sehen, ohne Zweifel! Viele sprechen an der Stelle auch davon, die Prokrastination zu durchbrechen und das eigene Handeln lauter und stärker werden zu lassen als die Ausreden des »inneren Schweinehundes«.

Auch wenn sich über diese Vorgehensweise natürlich Resultate erzielen lassen, ist die Wortwahl schrecklich! Dass sich bei den ganzen Formulierungen bei mir bereits an der Oberkante Unterlippe Erbrochenes sammelt, kannst du dir mittlerweile vorstellen, oder? Denn was passiert mit dieser Vorgehensweise? Die Grundphilosophie besagt hier, dass du die Dinge tun solltest, auch wenn du dich »nicht danach fühlst«. Wie gesagt, für viele ist dies ein wirklich guter Ansatz, um aus ihrer Opferhaltung herauszukommen und wieder eigenmächtig Dinge in ihrem Leben verändern zu können! Der Ansatz, den ich dir nun an dieser Stelle mitgeben will, ist für dich, wenn du bereits merkst, dass du deine Gedanken gut kontrollieren kannst.

Im Englischen würde man sagen: **Align before you act**, oder auf Deutsch: **Richte dich aus, bevor du handelst.**

Wenn du also vorhattest, etwas zu tun, beispielsweise am Montagmorgen zum Sport zu gehen und dich in diesem Moment nicht danach fühlst, führe folgenden Prozess durch: Anstatt einfach doch zu gehen und dir zu zeigen, dass du keine Ausreden zulässt und somit in den Kampf mit dir selbst gehst, gewinne in erster Linie aus deiner mentalen Stärke die Klarheit, dass es faktisch nicht wirklich etwas aussagt, nur weil du etwas fühlst. Es bedeutet lediglich, dass du gerade im Widerstand zum Sport und in einer Bewertung der Lage bist, was dieses »emotionale Querschießen« hervorruft. Anstatt jetzt also gegen das Gefühl anzukämpfen, finde Gedanken, die dafür sorgen, dass erst gar kein Widerstand entsteht. Setz dich für drei oder vier Minuten hin und denk dich im Prozess die Leiter hoch. Plötzlich ist der Widerstand, gegen den du vorher kämpfen wolltest, nicht mehr existent! Immer, wenn Menschen etwas erreichen wollen, indem sie **gegen sich selbst ankämpfen**, passiert dies lediglich, weil sie mental schwach sind, den Kampf selbst erschaffen haben und dann rechtfertigen, dass sie diesen führen mussten, wenn sie ihn »gewonnen« haben. Es ist schlichtweg eine Form von Wahnvorstellung, dass wir gegen etwas ankämpfen, das wir vorher selbst erschaffen und kreiert haben und deswegen stärker sein müssen. Wenn du mental stark bist, dann verstehst du den Prozess und erschaffst dir in deiner Realität erst gar nicht diesen Widerstand als Gegner. Es ist nichts weiter als eine Illusion aufgrund von mentaler Schwäche, nicht mehr und nicht weniger. Man könnte sagen, dass innere Kämpfe die logische Konsequenz von mentaler Schwäche sind!

Ich will dir ein starkes Bild hierfür mitgeben: Stell dir vor, du bist ein König oder eine Königin. Würde eine Majestät sich auf Diskussionen mit Hofnarren oder sogar dem Diener einlassen? Oder bestimmt er/sie einfach? Warum führst du eine Diskussion? Richtig, weil du dir nicht darüber bewusst bist, was wahr ist, was nicht und wie machtvoll du in Wirklichkeit bist! Höre ich da gerade Jenny auf deiner Schulter dir leise etwas ins Ohr flüstern? Hör auf damit, dir selbst die Geschichte zu erzählen, dass du irgendwelche Kämpfe austragen musst! Nein, du erschaffst die Kämpfe selbst, weil du deine Gedanken nicht unter Kontrolle hast! Demnach musst du nichts tun, außer den Fokus deiner Gedanken auf das zu richten, was du letztendlich willst! Dadurch hörst du immer mehr damit auf, in erster Linie die Illusion des Kampfes zu erschaffen. Und das Kampf-Momentum wird immer und immer weniger, da du es nicht länger durch deine Gedanken antreibst. Zugegeben ist es an manchen Tagen etwas herausfordernder, solche aufbauenden Gedanken zu finden, als an anderen. Es kann z. B. an deiner körperlichen Verfassung liegen. Hast du beispielsweise in der letzten Nacht nur zwei Stunden geschlafen und fühlst dich den ganzen Tag benebelt und angeschwipst zugleich, ist es um einiges herausfordernder, den Fokus zu halten und sich auf solche Nuancen zu konzentrieren. Sei an solchen Tagen nicht zu hart zu dir selbst und erinnere dich daran, dass dies gerade lediglich ein temporärer Zustand ist, nicht mehr und nicht weniger.

Natürlich darf dieser Prozess in dir trainiert werden, so wie du auch die destruktive Kampf-Erschaffung im Laufe der Zeit trainiert hast, doch das war dir jetzt bestimmt schon klar. Zu Beginn kann es sehr unkomfortabel sein, nicht zu handeln, wenn du es so gewohnt bist. Das verstehe ich total. Doch so viel kann ich schon vorwegnehmen: Zu glauben, dass man nicht in die Umsetzung kommt, wenn man zuerst mit sich in die Klarheit und mentale Stärke kommt, ist absoluter Quatsch! Du kannst nicht nur genauso viele krasse Dinge tun, sondern sogar noch mehr, da du dich nicht ständig **von dir selbst** ausbremsen lässt! Zu Beginn kann dieser Prozess, sich in die widerstandsfreie Ausrichtung zu bringen, wie bereits erwähnt, etwas länger dauern. Doch nur so trainierst du, dass es schon bald in wenigen Momenten passieren kann. Erinnere dich daran, dass der Weg des geringsten Widerstands der schnellste Weg für Energie ist, um von einem zum anderen Punkt zu gelangen.

Viele nutzen hierbei jedoch eine Metapher wie diese: »Und dann war da diese Wand. Und ich wusste, ich muss dadurch. Also habe ich Anlauf genommen und das verdammte Ding eingerissen!« Ich sage an dieser Stelle: »Ich habe kurz innegehalten, meinen Blick nach rechts und links gerichtet und bin dann durch die Tür an der Seite gegangen.« Es ist weniger heroisch, weniger dramatisch und weil der Großteil der Menschheit im Ego und in Unbewusstheit lebt, bekommt dieses Vorgehen in Leichtigkeit natürlich recht wenig Anerkennung. Doch wenn von diesen Wänden im Laufe von, sagen wir, 12 Monaten 30 Stück auftauchen, bin ich nicht nur schneller mit den Türen am Ziel, sondern habe auch weniger Schrammen, Platzwunden und Brüche. Ab und zu mache ich mir den Spaß, gehe das Spiel mit der Mauer ein und breche auch hindurch, einfach, um den Kontrast von Zeit zu Zeit erneut wahrzunehmen und meine Klarheit für den Prozess zu festigen. Doch ansonsten vertrete ich den Weg der mentalen Stärke mit Leichtigkeit.

Die Frage, die du dir zu Beginn des Prozesses grundsätzlich stellen darfst, ist: Welche Geschichte willst du glauben? Die des Egos und der Härte oder die deiner mentalen Stärke und Leichtigkeit? Beide Geschichten sind absolut legitim, wenn du dich dafür entscheidest. Ich will dir mit dieser Frage einfach nur erneut bewusst machen, dass beides deine Realität sein kann! Und auch aufzeigen, dass es nicht bedeutet, dass etwas wahr ist, nur weil du es denkst oder glaubst. Es bedeutet nur, dass du dir diese Realität erschaffst. So erschaffst du selbst die Härte und Schwere im Ego, aber auch die Leichtigkeit und Freiheit im Bewusstsein. Erkennst du, wie sich unser gesamtes Puzzle immer mehr zusammensetzt, wie immer mehr Klarheit durch das tiefe Verstehen von mentaler Stärke entsteht und du vielleicht sogar schon begonnen hast, diesen Prozess in deinem Alltag zunehmend zu erkennen und zu erfahren?

Wenn du dies bei dir bemerkst, teile es mir gern mit. Schreib mir auf Social Media oder teile es und verlinke mich dabei. Dann reposte ich es gern. Oder teile es direkt mit Menschen, von denen du glaubst, dass sie mithilfe dieses Buches mehr Leichtigkeit und Freude im Leben erhalten würden.

Nun haben wir die beiden oberen Quadranten des Creators Square abgedeckt. Um diese beiden nun im Fundament zu stabilisieren, schauen wir uns jetzt die unteren Quadranten an, die mit ihrer jeweiligen Art Gedanken und Emotionen formen. Wenn es darum geht, Meisterschaft in der Erschaffung seiner eigenen Realität zu erlangen, ist es unerlässlich, die beiden kommenden Quadranten vollends zu verstehen!

KAPITEL 9

DAS CREATORS SQUARE – DIE FAKTEN

Wenn es darum geht, mehr Raum zu erschaffen, um die eigene Freiheit zu leben, müssen wir die Reize, die wir von außen erfahren, aufsplitten. Solange wir sie so zusammenwerfen wie die Zutaten eines gerade sehr im Trend liegenden grünen Smoothies, werden wir nie vollends unsere eigene Realität bewusst kreieren können.

Dieses Kapitel ist sehr kritisch, denn viele Menschen haben die Fähigkeit verlernt, **Fakten** zu erkennen. Erinnere dich daran, dass du lernen musst, dich selbst zu kontrollieren, wenn du Freiheit willst. Und diese Kontrolle entsteht durch den Raum zwischen einem Reiz und deiner Reaktion.[24] Um nun die maximale Kontrolle deiner Reaktion zu trainieren, ist es wichtig, dass du lernst, Fakten zu erkennen. Wichtig ist, an dieser Stelle zu erwähnen, dass Fakten keine Emotionen haben. Es sind im Grunde empirisch messbare Dinge, die man nicht diskutieren kann, z. B.: Es sind 13 Grad Celsius. Das Haus ist 8,43 Meter hoch. Der Preis für Mehl ist von 1,00 Euro auf 1,30 Euro gestiegen. Sie hat mich seit unserem Date gestern nicht zurückgerufen. Er hat den Toilettendeckel dreimal diese Woche oben gelassen.

Bei manchen Situationen ist es einfacher, die Fakten zu erkennen, als bei anderen. Doch auch dies gilt es eben, wie alles andere, in der mentalen Stärke zu trainieren. Wenn es ein Fakt ist, der sich in einem Szenario abspielt, zu dem man bereits eine vorher bestehende Geschichte hat, ist es meist etwas schwieriger mit dem Erkennen der Fakten. Nehmen wir als Beispiel ein junges Elternpaar. Einigen Eltern ist es wichtig, dass das Kind bestimmte Worte zuerst lernt, etwa Mama oder Papa. Für einige ist es ein Spiel. Für andere ist es unfassbar wichtig, dass das Kind zuerst das eine und dann das andere sagt. Angenommen, das Kind sagt zuerst Papa und ein paar Tage später erst Mama. Dann kann es in dem Beispiel für die Mutter zur Folge haben, dass sie in ein Drama abrutscht, wenn sie die Fakten nicht sieht, weil das Kind ihren Namen nicht als Erstes gesagt hat. Doch Fakt ist hier einfach, dass das Kind zuerst das eine und dann das andere Wort gesagt hat, nicht mehr und nicht weniger. Alles andere ist in erster Linie kein Fakt!

Ich hatte eine Coachingklientin, die mit ihrem Businessaufbau in einer Position war, in der es ihr etwas zu viel wurde. Sie hatte von mir kurz vorher den 10k-Award bekommen für ihren ersten 10.000-Euro-Monat und alles schien mehr als gut zu laufen. Doch dann sind viele Projekte plötzlich zusammengekommen, die einiges an Zeit benötigten und auch eine hohe Priorität hatten. Es kam ihr so vor, als ob Chaos im Kopf herrschte. So begann sie auch das Gespräch: »Jens, bei mir ist gerade Chaos!« Nachdem sie die Geschichten um die ganzen Projekte einmal geteilt hat, haben wir uns die Fakten in diesen Szenarien gemeinsam angeschaut. Dadurch konnten wir binnen weniger Minuten herausarbeiten, dass weiterhin alles in Ordnung ist. Das »Chaos« und der für sie damit verbundene Stress waren lediglich entstanden, weil sie die Fakten nicht betrachtet hatte, unbewusst wurde und deswegen glaubte, dass alles jetzt direkt gemacht werden musste. Sie hatte nicht die Fakten betrachtet, sondern sich von einer Geschichte in die Irre führen lassen, ähnlich wie unser berühmter Manager aus vorherigen Kapiteln. Wie bereits erwähnt, bestand der Fakt in seiner Situation lediglich darin, dass er bei einem Unternehmen als Manager gearbeitet hatte und jetzt dort nicht mehr arbeitete. All das Drama und der Zusammenbruch seiner Realität hatten nichts mit den Fakten zu tun.

Um die Tragweite der Fakten vollends zu verstehen, müssen wir uns das nächste Kapitel über die Geschichten anschauen. Ich werde demnach gleich auch des Öfteren wieder hier zu diesem Kapitel springen und eine Verbindung herstellen.

Wichtig ist, an dieser Stelle noch zu erwähnen, dass es definitiv keinen Sinn ergibt, mit jemandem zu diskutieren, der nicht imstande ist, Fakten als solche zu erkennen. Warum wir manchmal dazu nicht imstande sind, wird im nächsten Kapitel absolut klar werden. Doch wenn jemand keinen Bezug zu Fakten herstellen kann, ist diese Person lediglich in der Lage, dir aus der Sichtweise ihrer momentanen Realität und Identifikation zu erzählen. Demnach kann für diese Person keine andere Realität infrage kommen und du sprichst mit einer Wand. An der Stelle erscheinen dann meist Coaches auf der Bildfläche, arbeiten in ihrer Art an genau diesem Punkt und helfen. Denn erinnere dich an den Anfang des Buches, als ich in der Einleitung geschrieben habe, dass es mein Ziel ist, dein Denken infrage zu stellen und dies, wenn man es genau nimmt, der einzige wirkliche Dienst ist, den ich dir geben kann.

Eine simple Frage, die du dir selbst immer wieder stellen solltest, um deine eigene Realität zu meistern, ist die folgende: »Was sind hier die Fakten?« Die gleiche Frage kannst du auch deinem Gegenüber stellen, um zu schauen, ob die Person mental überhaupt bereit ist, mit dir in eine Diskussion zu gehen.

Dieses Puzzlestück legen wir auf die freie Fläche des Puzzles und du siehst bereits, dass rundherum noch andere Stücke gelegt werden müssen, damit es »andocken« kann. Lass es gerade mal so liegen und tauche mit mir in das nächste Kapitel ein, das unglaubliche Klarheit mit sich bringen wird.

KAPITEL 10

DAS CREATORS SQUARE – DEINE GESCHICHTEN

Wir haben im Creators Square bereits deine Gedanken, deine Emotionen und die Fakten betrachtet. Der kritische Teil befindet sich jedoch in diesem letzten der Quadranten: deine Geschichten! Warum heißt es im Kapitel vorher »**Die** Fakten« und in diesem »**Deine** Geschichten«? Du kannst es dir denken, oder? Fakten sind Fakten und Geschichten sind von dir persönlich erfunden. Doch genau das macht es uns so schwer, sie zu erkennen. Denn wer zweifelt schon gern seine eigene Kreation an, vor allem, wenn sie die eigene Realität bildet?

Wir Menschen lieben Geschichten. Wir erzählen sie uns nicht nur den ganzen Tag über uns selbst, sie sorgen auch dafür, dass unser Leben für uns greifbarer wird. Und warum? Weil Geschichten Emotionen involvieren. Und Emotionen sind, wie wir bereits wissen, erlebbare Gedanken. Wir fühlen mit, wenn Forrest Gump seinen Sohn das erste Mal zum Schulbus bringt, während die Liebe seines Lebens unter dem Baum begraben liegt, unter dem sie immer als

Kinder gespielt haben. Wir bekommen Adrenalinschübe, die uns zu den Ohren rausschießen, wenn John McClane in einem der »Stirb langsam«-Teile mal wieder die Menschen in letzter Sekunde rettet und dabei mehr als verdammt cool ist!

Ich glaube, ich muss dich an diesem Punkt nicht mehr davon überzeugen, wie wichtig Geschichten für uns Menschen sind und warum wir sie von unseren Anfängen in den Höhlen bis zur heutigen Zeit beibehalten haben. Aber warum sind sie denn nun so essenziell, wenn es darum geht, unsere eigene Realität im Creators Square bewusst erschaffen zu können? Man könnte sagen, Geschichten geben unserer selbst gemachten Realität »Farbe«. Sie lassen uns also alles »bunt« sehen, aber eben auch sehr schnell abdriften und leider unbewusst werden. Geschichten geben uns so unfassbar viel, sorgen aber gleichzeitig für die größten Probleme in unserem Leben. Welch Ironie!

Was ist eine Geschichte? Natürlich ist sie auch nur ein Gedanke bzw. eine Ansammlung dieser. Sie ist auch die häufigste Art von Gedanken, die wir tagtäglich denken. Doch es ist wichtig, diese besondere Art eben auch gesondert zu betrachten. Denn das, was mit Geschichten meist passiert, ist Folgendes: Wir gehen mit ihnen eine Identifikation ein - und das nicht zu wenig. Dein Ego hat bereits wieder beim Lesen der Überschrift dieses Kapitels Kreislaufprobleme bekommen, da es weiß, dass ihm jetzt ganz viel weggenommen wird! Im Grunde könnte man sagen, dass wir unsere Realität durch Geschichten aufrechterhalten. Einzelne Gedanken und Emotionen sind wie die Arbeiter. Geschichten sind die Verbindungen, die bewirken, dass diese Arbeiter »zielführend« miteinander arbeiten können. Sie »erwecken« in uns Emotionen und machen Dinge für uns noch lebendiger. Aus diesem Grund stehen wir oft nicht so auf bloße Fakten. Sie wirken eher **tot** und unveränderbar. Denn warum sollte man sich viel mit etwas auseinandersetzen, das wenig oder keinen Spielraum für unseren Einfluss lässt? Das Gebäude ist nun mal 8,43 Meter hoch, ob wir wollen oder nicht!

Ist dir schon einmal aufgefallen, dass wir sehr schnell dabei sind, Geschichten über etwas zu kreieren? Ein Reiz kommt von außen und schwupps – sind wir gedanklich in einem Szenario, das uns zeigt, wie es ausgehen könnte. Wir sind so sehr darin trainiert, uns Geschichten zu erzählen, dass wir es den gesamten Tag ohne Unterlass tun. Wir nehmen die Reize auf, sammeln Informationen von anderen Menschen und haben dann nichts Besseres zu tun, als daraus eine bunte Geschichte zu kreieren, die für uns passt. Fakten gehen in diesen Geschichten meist unter, weil unser Ego pfeifend in eine Richtung schaut, in der es mehr um Drama geht.

Erinnerst du dich noch, als ich zu Beginn dieses Buches die Funktionen unseres Gehirns beschrieben habe? Dabei habe ich angeführt, dass es nicht nur ein Speichermedium ist, sondern auch immer versucht, alles bereits Erlebte mit dem, was wir gerade erleben, abzugleichen. Denn das, was bis jetzt funktioniert hat, hat uns am Leben gehalten. Hier geht unser Gehirn gern nach dem Prinzip vor: »Never change a running system.«

Doch warum geben wir so viel auf Geschichten? Neben der Tatsache, dass sie einfach für uns »verdaubar« und speicherbar sind, lassen sie immer viel Spielraum für Interpretationen. Wir lieben es, etwas zu erschaffen, denn das ist es eben, was wir tun: unsere eigene Realität kreieren! Wir gestalten uns unsere Realität durch Geschichten so, wie sie uns gefällt. Aber jetzt haben wir immer noch nicht so richtig geklärt, was Geschichten denn tatsächlich so destruktiv werden lässt, wenn wir sie unbewusst benutzen. Es sind die Geschichten, die wir uns über uns selbst erzählen, die unser Leben meist sehr erschweren! Und es sind die Geschichten über andere und über Umstände, die für die ganzen Konflikte sorgen.

Wenn wir eine Geschichte von einer Person hören, die normalerweise sehr integer ist, dann zweifeln wir diese Geschichte nicht an. Wenn uns diese Person jedoch sehr zwielichtig erscheint, haben wir direkt ein Gefühl, dass hier etwas nicht ganz korrekt ist. Trotzdem gehen wir davon aus, dass selbst bei der Geschichte dieser Person doch ein paar Dinge wahr sein könnten.

Wenn wir jetzt also unbewusst durch unseren Alltag trotten und ein Reiz von außen kommt, dann beginnen wir, eine Geschichte zu erzählen, die meist wenig bis gar nichts mit den Fakten zu tun hat! Der Raum zwischen dem Reiz und der Reaktion ist so gering, dass wir direkt in eine Identifikation mit einer Geschichte verfallen, die wir glauben. Wir glauben natürlich nicht jede Geschichte, doch hören sie trotzdem alle gern, weil wir davon ausgehen, dass auch hier ein wahrer Kern vorhanden sein könnte. Wenn wir jetzt also generell den Geschichten anderer unseren Glauben schenken, dann dürfen wir uns darüber bewusst werden, dass wir unsere eigenen Geschichten noch häufiger glauben. Ob sie wahr sind oder nicht, ist uns an dieser Stelle erst einmal egal! Denn die Geschichten, die wir uns erzählen, bilden die Art, wie wir unsere Realität in diesem Moment anmalen. Wenn unsere Geschichte orange ist, sehen wir alles in Orange. Ist sie blau, sehen wir es in der Farbe Blau. Ist sie in der Farbe der Opferhaltung, dann hat unsere Realität genau diese Farbe, wenn es eine Farbe für Opferhaltung geben würde. Ich bin mir sicher, du verstehst, was ich damit meine.

Manche Geschichten glauben wir, wenn wir sie ein paar Mal gedacht haben, andere wiederum direkt beim ersten Mal. Ich wiederhole mich mit dem nächsten Satz: Es ist dabei egal, ob sie wahr sind oder nicht! Denn erinnere dich: Wenn wir unsere Realität in einer bestimmten Art kreiert haben und uns voll und ganz mit ihr identifizieren, dann haben wir kaum Toleranz, sie zu ändern. Warum sollte man auch etwas anzweifeln, das unserer Ansicht nach der absoluten und fundamentalen Wahrheit entspricht? Auch wenn es etwas abstrakt wirkt, wenn du es jetzt so liest, aber in dieser Vernebelung in der lila Wolke haben wir meist nicht mehr die Fähigkeit, über unsere momentane Realität hinauszublicken.

Geschichten sind wundervoll, versteh mich hier bitte richtig. Aber die ganze unbewusste Handhabung mit ihnen macht dich schlichtweg mürbe im Kopf. Ohne unnötige Geschichten ist das Leben so unfassbar simpel!

Dazu kommt, dass wir durch zu viele Geschichten nur einen Bruchteil unserer Möglichkeiten wahrnehmen können. Denn meist ist es so, dass in dir ein Konflikt entsteht, wenn du eine bestimmte Erfahrung machen willst, aber die Geschichten, die du dir erzählst, es dir schlichtweg nicht erlauben. Falls sie dich sogar in eine ganz andere Richtung lenken, ist es dir kaum möglich, die gewünschte Erfahrung ansatzweise zu machen. Denn deine Realität ist nun mal in diesem Moment eine vollkommen andere, auch wenn sie nicht wahr ist.

Ich weiß, du hast in den letzten Abschnitten verdammt oft – also so richtig oft – gelesen, dass es egal ist, dass die Geschichten nicht wahr sind und du sie trotzdem glaubst. Das erwähne ich nicht so häufig, weil ich unter einem superschwachen Kurzzeitgedächtnis leide, sondern weil du gleich bei vielen der angeführten Beispiele das Buch am liebsten gegen die Wand werfen willst. Denn deine Realität ist eben deine Realität, ob sie dir letztendlich dient oder nicht. Deswegen wiederhole ich es so häufig, damit diese Tatsache vollends von dir aufgenommen werden kann.

Lass es uns einmal von einem rationalen Standpunkt aus betrachten und beantworte mir diese Frage: Schadest du dir gern selbst? Oder anders gefragt: Machst du dir gern selbst das Leben schwer? Oder noch einmal anders formuliert: Bist du gern der Grund dafür, dass du nicht glücklich bist? Ich denke, du hast bei allen drei Fragen entschlossen mit »NEIN« geantwortet! Falls doch ein »Ja« dabei war, dann müssten wir einmal gesondert in ein Coaching gehen. Doch gehen wir von drei soliden Neins aus. Wenn das also der Fall ist, und ich glaube dir, dass du es mit der Antwort zu 100 Prozent ernst meinst ... warum tust du es dann trotzdem Tag für Tag? Ich will an dieser Stelle erneut erwähnen, dass ein Leben in mentaler Stärke absolute Verantwortung in allen Lebensbereichen mit sich bringt. Aus diesem Grund folgt noch einmal diese logische Betrachtung. Wenn du die einzige Person bist, die für die Erschaffung deiner eigenen Realität verantwortlich ist – und das bist du –, dann bist du auch die einzige Person, die deine Realität schön oder nicht schön gestalten kann. Sind wir uns da einig? Wenn dem so ist, und dem ist so, warum hast du dann deiner Bewertung nach manchmal »schwere Zeiten«? Warum bist du nicht so glücklich, wie du es gern wärst? Warum tust du jeden Tag die Dinge, die dich nicht erfüllen? Denn du hast eben dreimal **Nein** gesagt. Stell es dir noch praktischer vor. Stell dir vor, du stehst vor einer Wand und haust ständig den Kopf dagegen. Du tust dir nicht gern selbst weh, aber du machst es trotzdem. Bei deinen Gedanken ist es genauso, nur etwas weniger offensichtlich.

Dein Ego versucht jetzt wahrscheinlich eine Verschönerung deiner Umstände vorzunehmen oder kreative Ausreden dafür zu finden, warum du es trotzdem zwischendurch tust. Dazu gehört z. B., ein paar Dinge hervorzuheben, die gut laufen, um damit zu rechtfertigen, dass es normal sei, dass andere Dinge nicht gut laufen. Ganz im Sinne des Klassikers: »Ich habe zwar nie Geld und ›struggle‹ jeden Monat mit den Rechnungen, dafür bin ich aber gesund und habe tolle Freunde.« Was soll das? Schenk dir doch selbst nicht den Trostpreis! Der erste Schritt, den du unternehmen darfst, um dein Leben zu verbessern, besteht darin, dir einzugestehen, dass einige Bereiche nicht an der Stelle sind, an der du dein Leben sehen willst. Dass manche Dinge in deinem Leben gut und genauso sind, wie du es haben willst, tut nichts zur Sache. Das freut mich von Herzen enorm für dich! Doch erzähl dir hier keine Geschichte darüber, dass man vielleicht nicht alles haben kann oder dass du trotzdem glücklich sein solltest, weil andere Dinge ja da sind, die du toll findest. Mein Credo an dieser Stelle lautet: Warum entscheiden, wenn du alles haben kannst?! Du sollst natürlich in den Bereichen glücklich sein, die bereits so sind, wie du sie dir wünschst. Doch das bedeutet nicht, dass du nicht gleichzeitig auch danach streben darfst, die anderen zu optimieren! Denn warum solltest du dich mit einem 50-Prozent-Leben abfinden und die Geschichte aufrechterhalten, dass es gut so ist? Hörst du Jenny in deinem Ohr? Dieses Mal meldet sie sich sogar etwas energischer!

Lass mich dir aufzeigen, dass ein 100-Prozent-Leben nicht mehr Aufwand und Energie erfordert als ein 50-Prozent-Leben. Wir erschaffen unsere Realität immer, ob wir wollen oder nicht. Das bedeutet, ein 50-Prozent-Leben, auch wenn es dich nur zu 50 Prozent erfüllt, wurde durch deine Gedanken und Emotionen, gemischt mit Fakten, in deinen Geschichten erschaffen. Ein 50-Prozent-Leben bedeutet jedoch nicht, dass du nur zu 50 Prozent kreierst, denn das machst du immer zu 100 Prozent! Doch du kreierst mit diesen 100 Prozent einfach momentan nur ein Leben mit einer 50-prozentigen Zufriedenheit. Dabei steht es dir komplett frei, diese 100 Prozent für ein 100-Prozent-Leben zu nutzen. Dafür musst du lediglich das, was du bis jetzt in diesem Buch gelesen hast und noch lesen wirst, Tag für Tag, mehr und mehr in deine täglichen Gewohnheiten integrieren! Wir schaffen in diesem Buch ein Fundament für das Verständnis, sodass du es immer wieder erkennen und als Erfahrung in deinen Alltag integrieren kannst. Also, du hast Jenny gehört! Sei nicht dumm und verwende deine mentale Schöpferkraft so, wie es dir am besten dient. Denn es ist nicht schwieriger, dir dein Traumleben zu erschaffen, als es ist, ein Trostpreisleben zu kreieren. Der einzige Unterschied besteht darin, dass du beginnst, mit deinen Gedanken eine andere Realität zu erschaffen. Es ist nicht schwerer, es ist zu Beginn lediglich untrainiert, nicht mehr und nicht weniger.

Lass uns jetzt ein Beispiel anschauen, durch das du nun ganz klar und sehr verständlich erkennen wirst, wie wir uns mit Geschichten vernebeln. Du kennst bestimmt Menschen, die an einem Punkt sagen, dass sie »nicht mehr können«. Vielleicht bist oder warst du auch selbst einmal in dieser Situation. Über Jahre hast du beispielsweise versucht, ein eigenes Business aufzubauen. Durch meine jahrelangen Business-Mentorings für Coaches bin ich hier sehr darüber im Bilde, wie es dir in diesem Moment ergeht. Ich habe es unzählige Male bei Menschen gesehen, wenn ich vor einer Zusammenarbeit mit ihnen sprach. Du hast immer wieder Hoffnung gehabt, ganz viel für deinen Traum gegeben, doch irgendwie hat es dann wieder nicht geklappt. Du bist ganz stark darin bemüht, deinen Optimismus nicht aufzugeben, doch alles fühlt sich seit Jahren wie ein Kampf an. Und du kommst nun an den Punkt, an dem du zu dir sagst: »Ich kann einfach nicht mehr.« Hast du ein gutes Bild von dieser Situation? Gut, dann lass uns dieses Bild jetzt mit dem Creators Square wie ein mentaler Chirurg auseinandernehmen.

Dein Gedanke ist: »Ich kann nicht mehr.« Die Emotionen, die durch diesen Gedanken in deinem Körper entstehen, sind auf der Sprosse von Ohnmacht und Frustration. Gegebenenfalls auch zwischendurch Wut, weil es in deinen Augen ungerecht ist, dass du trotz deiner Bemühungen noch keinen Erfolg hast.

Doch wie sehen die Fakten aus? Du versuchst seit Datum X, dein Business aufzubauen, was nun ein paar Jahre her ist. Du hast Y Versuche unternommen und es Y-mal nicht so geschafft, wie du es zu Beginn geplant hast. Du hast in diesem Zeitraum Z Stunden an dir und dem Business gearbeitet.

Was sind deine Gedanken, die eine spezielle Geschichte erschaffen: »Das ist ungerecht! Das sollte so nicht sein, es sollte anders sein! Ich habe es mir doch verdient, erfolgreich zu werden! Ich habe so viel aufgegeben und so viel Energie investiert. Ich habe einfach kein Umfeld, das mich unterstützt. Das hatte ich noch nie. Ich war immer schon auf mich allein gestellt und musste mich durchkämpfen. Warum sollte es auch dieses Mal anders sein? Doch ich kann einfach nicht mehr. Es bringt einfach alles nichts und vielleicht ist ein erfülltes Leben, so wie ich es mir vorstelle, einfach nichts für mich! Vielleicht soll es einfach nicht so sein.«

Ich bin mir sicher, dass du solche oder ähnliche Geschichten von dir oder anderen kennst. Und nachdem du jetzt so viel in diesem Buch gelesen hast, erkennst du sehr schnell die Wolkenwörter, Wolkenformulierungen, das Drama, den puren Widerstand und die Stimme des Egos aus dieser Geschichte.

Lass uns jetzt mit der Aufsplittung des Creators Square diese vier Faktoren überprüfen. Ist der Gedanke »Ich kann nicht mehr« wahr? In der momentanen Realität würdest du wahrscheinlich sagen: »Ja, ich habe keine Kraft mehr für einen weiteren Versuch.« Okay, dann lass mich weiter fragen: »Du siehst recht vital aus oder bist du gerade krank? Für was brauchst du Kraft? Hat dein Business etwas mit körperlicher oder geistig schwerer Arbeit zu tun? Denn wenn es das nicht hat, für was brauchst du dann Kraft?«

Du antwortest: »Es erfordert Kraft, um diese Situation tragen und Rückschläge einstecken zu können.« Daraus höre ich, wenn ich die Worte für voll nehme, dass die Situation schwer ist. Denn durch deine Sprache ergibt sich für dich das Bild in deiner Realität, dass die Situation wirklich schwer ist. »Was wiegt die Situation denn? Und wie viel kannst du denn tragen? 50 kg? Oder sogar 120 kg? Was ist dein persönlicher Rekord? Und was meinst du mit ›Rückschläge einstecken‹? Bist du Boxer und bekommst oft Konterschläge?« Merkst du, wie die Wolkenwörter an dieser Stelle dich jetzt schon orientierungslos werden lassen? Daraufhin kommt von dir so etwas wie: »Nein, so meine ich das nicht. Es ist eben nicht einfach, in meiner Situation zu sein! Und wenn etwas nicht klappt, dann ist das nach all den Versuchen einfach niederschmetternd.« Dann würde ich verwirrt schauen und dich fragen: »Wie, deine Situation? Wir sitzen doch hier gerade im Café und trinken einen Flat White bei einem Stück Kuchen. Warum ist deine Situation denn gerade schwer? Ich fühle mich sehr gut hier mit dir. Liegst du denn blutend und mit Schmerzen am Boden, wenn das, was du versuchst, nicht geklappt hat? Also so richtig mit Platzwunden niedergeschmettert und so?« Ein eingeschnapptes »Ach vergiss es, du verstehst mich einfach nicht. Ich habe doch gesagt, dass ich immer auf mich allein gestellt bin. Hier siehst du, warum.«

Stell dir bitte vor, wie ich gerade meinen Daumen und Zeigefinder langsam gegeneinander reibe und dir für diese tolle Dramaturgie die kleinste Violine der Welt spiele. Natürlich kommt es in dieser Aufsplittung so rüber, als ob ich keine Empathie habe oder mir meine Mitmenschen egal wären. Dem ist absolut nicht so! Ich fühle mit, doch wenn ich so mit dir spreche, dann ist es eher ein Zeichen meiner Anerkennung, da ich mich entschieden habe, dir zu helfen, anstatt dich in deiner destruktiven Realität zu unterstützen.

Ich gehe jetzt diesen Dialog noch tiefer durch und zeige dir auf, wie ich zu den Rückfragen gekommen bin. Wenn du sagst: »Ich habe keine Kraft!«, dann schaue ich dich an und frage mich, ob du krank und dadurch schlapp bist. Denn was ist der Fakt? Der Fakt ist, dass du vital und gesund aussiehst. Wenn du in deiner Geschichte sagst: »Kraft, um die Situation tragen zu können«, dann überlege ich, was kann eine Situation wiegen? Fakt ist, sie wiegt 0 kg. Deswegen folgt meine provokante Rückfrage, wie viel du denn tragen kannst. Wenn du sagst: »Um Rückschläge einstecken zu können«, dann frage ich mich, ob Situationen schlagen können. Faktisch können sie das nicht. Wenn du in deiner Geschichte davon überzeugt bist und sagst: »Meine Situation ist eben nicht so einfach«, dann bleibt mir nichts anderes übrig, als dich im jetzigen Moment zu betrachten. Das ist der Moment, der das Einzige ist, was gerade die Wirklichkeit ist. Ich sehe, dass wir gerade gemütlich bei einem Getränk und Kuchen sitzen. Faktisch ist deine Situation, hier mit mir zu sitzen, sehr einfach und angenehm. Wenn du sagst: »Es ist nach all den Versuchen einfach niederschmetternd«, überlege ich zuerst, ob die Situation doch zurückschlagen kann und sogar noch zutritt, wenn du am Boden liegst. Doch faktisch kann sie das nicht. Kannst du demnach also wirklich niedergeschmettert sein und blutend, mit Knochenbrüchen und Schmerzen, röchelnd am Boden liegen, wie bei einem brutalen Raubüberfall?

Du siehst: Wenn ich eine Geschichte höre oder sogar mir selbst erzähle, frage ich mich immer: »Was sind hier die Fakten?« Dein Ego hasst diese Frage bis aufs Blut, denn es liebt die dramatischen Geschichten. Es liebt in diesem Beispiel die Geschichte und Identifikation mit dem »Lonesome Wolf« bzw. dem »Einzelkämpfer«, die Identifikation mit dem, der sich überall durchschlägt, für den das Leben noch nie leicht und bequem war etc. pp. Das klingt wie die Nationalhymne aus der Regentschaft deines Egos, kannst du sie hören?

Natürlich kannst du nun auch zu deiner Verteidigung sagen, dass du zwar diese Worte benutzt, es aber doch nicht Wort für Wort so meinst. Falls du diesen Gedanken hattest, dann muss ich dich leider enttäuschen. Das ist genau das, was dein Ego sagen würde! Uns beiden ist rational bewusst, dass Situationen nicht zuschlagen können. Doch deine Sprache formt nun mal die Grenzen deiner Welt.[25] Und wenn deine Sprache etwas Bestimmtes immer und immer wieder beschreibt, beginnt sie immer realer für dich zu werden, auch wenn es faktisch keinen Sinn ergibt. Das bedeutet es eben, seine eigene Realität zu erschaffen.

Dein Ego bildet einen Widerstand zu dem, was ist, und eine Dramatisierung der Situation, um mehr Identifikationen zu schaffen. Wahrscheinlich passiert es auch, um deinem Körper mehr chemische Cocktails von dem Drama zu geben, weil er nach all der Zeit wie ein Süchtiger danach verlangt. Hier kommt alles zusammen, was unsere Realität vernebelt. Und mit den ganzen Wolkenwörtern sorgst du rundum dafür, dass du keinen klaren Gedanken fassen kannst, um diese Situation für dich zu ändern. Ein Meisterwerk des Egos im biblischen Ausmaß! Und das Tolle ist: Von dieser Art Geschichten haben wir Hunderte im Alltag. Ist das nicht krass? Hundert große, lila Wolken, die dich die Wahrheit lediglich verzerrt sehen lassen.

Ich weiß nicht, ob du Folgendes kennst: Ich persönlich träume immer sehr stark und intensiv und bin auch schon einmal aus einem Traum aufgewacht oder dachte es zumindest, nur um kurze Zeit später komplett aufzuwachen. Sprich, es war ein Traum im Traum. Also, ich hoffe zumindest, dass ich damals komplett aufgewacht bin, denn wenn mein Gehirn die letzten 15 Jahre ohne Input von außen erfunden hätte, wäre es echt kreativ. Wie auch immer: Einen Traum in einem Traum zu haben, ist maximal verwirrend. Ich weiß noch, als ich dann damals komplett aufwachte, brauchte ich mehrere Stunden, um klarzukommen, weil ich so davon überzeugt war, dass der Traum auf erster Ebene real war. Jetzt stell dir Hundert Geschichten vor, die im Grunde auch nichts anderes als Träume sind, und überlege dir, wie es dir jetzt hier ergeht, wenn du eine Wolkengeschichte nach der anderen mit dem Creators Square bearbeitest und dir überall mit der Methode dieses Buches folgende Fragen stellst: Was sind hier meine Gedanken, die welche Emotion auslösen? Und was ist hier die Geschichte und was sind tatsächlich die Fakten?

Wahrscheinlich überlegst du dir gerade: »Wenn ich das mache, dann dauert das ja bis zu meinem Lebensende, oder nicht?« Das ist eine sehr gute Frage, aber die spektakuläre Antwort darauf lautet: Nein! Denn wenn du dich so in mentaler Stärke trainierst, wie es in diesem Buch angeleitet wird und beginnst, deine Realität bewusst zu kreieren, indem du deine Gedanken unter Kontrolle hältst, dann passiert Folgendes: Du wirst besser und es wird zu einer sogenannten **unbewussten Kompetenz**.

Angenommen, du willst Profisportler werden. Wenn du das erreichen möchtest, dann musst du ab jetzt jeden Tag für mehrere Stunden trainieren. Sagen wir einfach, vier bis sieben Stunden täglich. Und dann dauert es natürlich auch etwas und ist nicht nach einer Woche erreicht. Wenn du jetzt ein halbes Jahr jeden Tag trainierst, hast du grob zwischen 700 und 1.200 Stunden mit deinem Training verbracht. Glaubst du, dass du ziemlich gut in dem wirst, was du trainierst? Wir beide kennen deine Antwort! Doch was passiert, wenn du diese Zeit genutzt hast, um Unbewusstheit zu trainieren? Was ist, wenn du sie dafür genutzt hast, belastende Identifikationen zu trainieren und sie durch Wiederholung zu stärken? Was wäre, wenn du die Zeit dafür genutzt hast, um Ablenkung und Unaufmerksamkeit zu trainieren, ähnlich wie es heute stundenlang in Social Media passiert?

Kannst du dir vorstellen, dass du sehr gut in diesen dir nicht dienlichen Dingen wirst?

Um es noch weiter zu veranschaulichen: In der Regel ist es immer so, dass wir zu Beginn zur Kategorie »unbewusst inkompetent« gehören, wenn wir dabei sind, etwas Neues zu erlernen. Wenn wir nicht von Sekunde eins an ein besonderes Talent oder eine Veranlagung für etwas haben, nennt man diesen Zustand so. Denn wir wissen nicht, wie viel wir in diesem Bereich gar nicht wissen und können. Das bedeutet, wir haben keine Ahnung, was es wirklich bedeutet, gut in dieser Sache zu werden. Danach folgt die Kategorie »bewusst inkompetent«. Hier sind wir uns darüber bewusst, dass wir ganz vieles noch nicht wissen und können. Demnach werden wir uns hier auch über Ausgänge unserer Handlungen bewusst. Doch durch kontinuierliches Trainieren und Lernen in diesem Gebiet gelangen wir danach in die Kategorie »bewusst kompetent«. In diesem Zustand wissen wir, was wir können, und können dies aktiv zu der Erreichung bestimmter Dinge einsetzen. Danach folgt die letzte Kategorie »unbewusst kompetent«. Hier haben wir das Können und Wissen so sehr verinnerlicht, dass es, ohne darüber nachzudenken, in der Art und Weise funktioniert, wie wir es wollen. Das ist in etwa mit der Aufregung vergleichbar, die du bei deiner ersten Fahrstunde gespürt hast – sodass danach Abdrücke von deinen Fingernägeln im Lenkrad waren. Und heute, einige Jahre später, lenkst du mit dem Knie, in der einen Hand deinen Kaffee to go und mit der anderen wechselst du gerade den Radiosender. Dies machst du so entspannt, als ob du auf der Couch liegen würdest. Du gelangst also von »unbewusst inkompetent« zu »bewusst inkompetent« über »bewusst kompetent« am Ende zu »unbewusst kompetent«.

Kommen wir zurück zu unserem trainierten Verhalten. Das bedeutet, dass du momentan mit etwas noch Trainiertem diese Hunderte von lila Wolken in deiner Realität erschaffst. Wenn es so ist, dann heißt das für dich ebenfalls, dass du dich auch dahingehend trainieren kannst, die lila Wolken nicht länger zu kreieren, sodass in deinem Alltag Klarheit entsteht. Beides wird immerhin von dir allein erschaffen, von niemandem sonst!

Damit entwickelst du deine Fähigkeit, deine Realität bewusst zu erschaffen, zuerst zu einer bewussten Kompetenz und ab einem bestimmten Punkt zu einer unbewussten Kompetenz, wenn du dich in den Dingen trainierst, die du in diesem Buch findest. Dann legst du im Grunde immer, ohne viel darüber nachzudenken, deine »Creators-Square-Schablone« über deine einzelnen Überzeugungen in Bezug auf deine Realität, überprüfst diese und erlangst automatisch durchgehende Klarheit, innere Ruhe und ein starkes Selbstbewusstsein.

Wenn du zu diesem Punkt der »automatischen« Überprüfungen gelangst, dann wird es dir wie Magie vorkommen. Situationen, die sich faktisch nicht merklich verändert haben, haben plötzlich eine vollkommen andere Wirkung auf dich. Plötzlich kosten sie dich keine »Kraft« mehr, wie du es früher immer so schön gesagt hast, sondern sie sind einfach gerade so, wie sie sind. Das ist so, als ob dein Wasserglas beim Essen links vom Teller steht anstatt rechts oder eben umgekehrt. Es ist einfach so, wie es ist und du hast nicht das Bedürfnis, wirklich viel darüber nachzudenken. Du erkennst die Fakten und kannst mit einem erschaffenen Raum ohne direkte Reaktion wählen, was du jetzt denken und tun wirst. Das ist der Moment, über den ich schon mehrfach in diesem Buch berichtet habe. Hier werden deine Mitmenschen beginnen, dich fast als einen Übermenschen wahrzunehmen, da bei dir alles plötzlich mit so viel Leichtigkeit vonstattengeht. Dies ist ein Geheimnis gelebter mentaler Stärke. Es bedeutet zu einem Großteil, sich das Leben generell einfach nicht mehr so unnötig schwer zu machen. Denk an die 80 Prozent der Probleme, die wir erfinden. Allein, wenn wir unsere Energie nicht mehr ständig destruktiv verwenden, decken wir plötzlich Potenzial in uns auf, von dem wir gar nicht wussten, dass es vorhanden ist. Anders gesagt: Um mental stark zu werden, erfordert es nicht unbedingt ganz viele Techniken. Stattdessen dürfen wir in erster Linie aufhören, die Dinge zu tun, die uns von unserer möglichen natürlichen, mentalen Stärke fernhalten.

Kapitel 10.1 - Die Geschichten der Gesellschaft

Ich bitte dich nun, einmal ganz tief durchzuatmen, dir etwas zu trinken zu holen und dich bereit zu machen. Nach all den vorherigen Kapiteln denke ich, dass du jetzt soweit bist! Denn ich will mich in diesem Buch auch kritisch gegenüber ein paar Dingen äußern, die nicht nur in der Szene, sondern auch in der Gesellschaft gerade wie Süßigkeiten an Karneval verteilt werden. Es handelt sich um zu schnell und voreilig erstellte Diagnosen, die besonders bei Menschen mit einer noch mentalen Schwäche fast immer eine Odyssee von Tragödien einleiten. Und ich glaube, dass ich es an dieser Stelle nicht nur ansprechen sollte, sondern sogar muss!

Damit gemeint sind hier, ketzerisch gesagt, Modediagnosen wie ADHS, Burn-out und Depression. Ich will zuerst und **unmissverständlich klarstellen**, dass ich in keiner Weise leugne, dass alle drei dieser Diagnosen existieren! Auch will ich ihre Folgen nicht herunterreden! Doch ich bin mir ebenso sicher, dass sehr viele Menschen diese »Diagnosen« nur erhalten, weil sie eine bestimmte Sache tun: Sie erzählen sich die Geschichte über sich selbst so, dass sie voller Überzeugung sind, diese Diagnose zu haben, und erschaffen sich somit ihre eigene Realität.

Stell dir bitte einmal einen mental schwachen Menschen vor. Dieser Mensch arbeitet regulär 40 Stunden in der Woche. Er hat ein bestimmtes Aufgabengebiet mit einer gewissen Verantwortung, wie jeder andere auch. Doch diese Person sieht überall nicht die Fakten, sondern erzählt sich zu jedem Vorkommnis eine dramatische Geschichte. Dies passiert nicht, weil die Geschichten wahr sind, sondern weil die Person ihre Gedanken nicht unter Kontrolle hat. Alle sind in der Realität dieses Menschen gegen ihn und den ganzen Druck, den er verspürt, hält er nicht mehr lange aus. Er fühlt sich nach ein paar Monaten, die er nun in diesem täglichen »Druck« und »Kampf« verbracht hat, einfach leer und ausgebrannt. Bedenke an diesem Punkt, dass ALLE Herausforderungen von ihm selbst kreiert und teilweise erfunden wurden, durch die Art, wie er die Realität erschafft! Seine Geschichte ist mittlerweile so trainiert und alltäglich, dass er keine andere Möglichkeit zulässt und im Außen stets nach Dingen sucht, in denen er die Inzuchtsbestätigung findet. Jeder ansatzweise nicht richtig betonte Satz von Arbeitskollegen wird von ihm als Angriff gegen ihn wahrgenommen. Nun geht diese Person zum Arzt. Der Arzt, der die Fakten **nicht** kennt, sondern nur seine Geschichte hört, sagt: »Ganz klar, Sie leiden unter dem Burn-out-Syndrom! Das ist eine ernstzunehmende Krankheit. Ich schreibe Sie erst einmal krank.«

Gesagt, getan. Die mental schwache Person, die sich die gesamte Situation selbst erschaffen hat, erhält nun die Bestätigung einer Autoritätsperson, dass die Weise, wie er sich seine Realität geschaffen hat, genau richtig und korrekt war. Eine Realität, die nicht auf Fakten, sondern lediglich auf erfundenen Geschichten aufgebaut ist. Ab diesem Zeitpunkt erzählt sich dieser Mensch nun die neue Geschichte, dass er nicht nur einen Burn-out hat, sondern darunter leidet. Das klingt sehr viel wichtiger und dramatischer! Seine gesamte Realität wird nun durch diese Brille betrachtet. Die

Geschichte führt alle Gedanken sowie Identifikationen zusammen und lässt ihn die Fakten im vernebelten Zustand nicht klar erkennen. Wenn doch, dann passiert das nur in dem Maße, wie sie der Geschichte dienen. Die Geschichte wird nun weiter trainiert und dieser Mensch will an diesem Punkt natürlich auch, dass alle anderen seine Geschichte unterschreiben und ihn darin bestätigen. Denn erinnere dich an die Funktion des Gehirns, dass es immer den Abgleich im Außen sucht. Also beginnt dieser Mensch damit, anderen Menschen seine Realität mit einer dramatischen Geschichte zu erzählen, die diese Geschichte in ihrer eigenen mentalen Schwäche und Unbewusstheit glauben, anstatt auf die Suche nach den Fakten zu gehen. Somit hat er nicht nur seine eigene Realität erschaffen und erhielt dies von einem Arzt als Autoritätsperson bestätigt, sondern überzeugt auch noch seine gesamten Mitmenschen und sein Umfeld, dass es wahr ist. Alle arbeiten nun ab diesem Zeitpunkt auf die selbst erschaffene und destruktive Realität und Illusion dieses Menschen hin. Ein tosender Applaus erklingt von den Rängen aus dem Zirkuszelt für das, was das Ego auf dem Hof seines Anwesens hat aufbauen lassen.

Noch mal: Ich zweifle nicht an, dass es so etwas wie Burn-out gibt! Wenn jemand den Zustand des Burn-outs hat, dürfen die richtigen Maßnahmen ergriffen werden. Alles, was ich sage, ist, dass dieser Mensch aus dem Beispiel im ersten Schritt nicht einmal erschöpft gewesen wäre, wenn er seine Realität auf der Arbeit mit Gedanken, Worten und Emotionen bewusst anders kreiert hätte. Wenn du dich von dieser Burn-out-Geschichte und davon, wie ich sie dargestellt habe, bereits getriggert fühlst, kannst du dir sicher sein, dass du eine richtig tolle Identifikation mit diesem Begriff und einer dazugehörigen Geschichte hast. Sonst hätte es dir nichts ausgemacht. Demnach ist es eine wunderbare Gelegenheit, deine eigene Realität erneut zu überprüfen!

Die Geschichte, die wir über uns erzählen, wird letztendlich unsere Realität! Ob sie wahr ist oder nicht, ist dabei egal. Auch ob sie uns dient oder nicht, ist unerheblich. Wenn ich solche Beispiele in Vorträgen oder Seminaren gebe, dann springt oft bei einer Person der Schalter um, da deren Ego es nicht mehr aushält. Denn sie weiß insgeheim, dass es verdammt viel Sinn ergibt und sie erkennt eine gewisse Wahrheit dahinter, die aber gleichzeitig einen Tod des Egos bedeuten würde. Darum kommt dann eine Frage wie: »Aber was ist, wenn es wirklich richtig schlimm ist? Wenn er einen Unfall hatte und querschnittsgelähmt ist ab dem Hals? Dass dann jemand depressiv wird, ist doch wohl klar!« Ich will dich daran erinnern, dass es universell **keine** Bewertung gibt! Natürlich können wir davon ausgehen, dass jeder Mensch auf der Welt solch einen Unfall als schrecklich ansehen würde. Doch Fakt ist, dass jeder Mensch trotzdem die Wahl hat, überhaupt eine Bewertung in solch eine Situation zu geben. Ich weiß, diese Aussage klingt unfassbar kalt und unmenschlich. Auch ich würde davon nicht emotional unberührt bleiben. Doch es ist wichtig, diese Sache in solch einer Situation im Hinterkopf zu behalten. Denn das, was dir den jetzigen Moment mental erschwert, ist nicht die Situation oder der Umstand selbst. Es ist immer dein Widerstand zu dieser Situation. Das ist selbstverständlich in solch einer extremen Situation deutlich herausfordernder, als wenn am Sonntagmorgen keine Brötchen auf dem Tisch wären, weil man vergessen hat, zum Bäcker zu fahren. Doch faktisch ist beides letztendlich eine Situation, die wir durch unsere Realität erleben. Wie diese aussieht, liegt vollkommen bei uns.

Um in diesem Thema der »Depression« noch einen Schritt weiter zu gehen, schauen wir uns ein Beispiel aus der rationalen Sparte an. Weil ich jedoch weiß, dass unser Ego sehr schnell Dinge vergisst, die Sinn ergeben, wenn sie dafür sorgen, dass es keinen Widerstand leisten kann ... hier noch einmal: Ich zweifle nicht an, dass es Depressionen gibt! Doch ich weiß auch, dass das Erzählen der Geschichte über sich dazu führt, dass Menschen **in** diesem emotionalen Zustand bleiben. Denn denk daran, wie Emotionen erschaffen werden: durch unsere Gedanken! Und Geschichten sind eine Ansammlung bzw. Form von Gedanken. Doch da wir frei denken können, was wir wollen, können wir Sprosse für Sprosse damit beginnen, neue Gedanken zu finden, die uns mehr dienen.

Wenn man online danach sucht, findet man viele verschiedene Darstellungen, in denen die gängigsten Emotionen, die wir als Menschen empfinden, auf einer Skala einsortiert werden. Auf diesen Skalen liegt die Depression auf der untersten Sprosse, gemeinsam mit Emotionen wie Ohnmacht, Angst und Verzweiflung. Mit der Ohnmacht ist hier nicht das Umfallen gemeint, was passiert, wenn in der Kirche wieder zu viel Weihrauch verteilt wurde, sondern das Gefühl, in einer Situation ohne Macht zu sein. Ganz oben auf der Skala finden wir Emotionen wie Liebe, Freiheit, Ermächtigung und Wertschätzung. Die Depression ist also ganz unten auf der gleichen Sprosse wie sich ohnmächtig, das heißt **ohne Macht**, zu fühlen. Ganz oben ist das Gefühl der Ermächtigung, also das Gefühl, sein Leben selbst erschaffen zu können. Wer sind wir? Wir sind Schöpfer unserer eigenen Realität. Wenn wir also eine Realität erschaffen haben, in der wir glauben, keine schöpferische Kraft mehr zu haben, fühlen wir uns schlichtweg ohne Macht. Anders gesagt: Wir sind auf der untersten emotionalen Stufe ohnmächtig, obwohl wir uns mit dieser destruktiven Realität gerade den Beweis geliefert haben, dass wir alles andere als ohne Macht sind, da wir uns diesen Umstand ja auch selbst erschaffen haben. Doch dieser Fakt, der buchstäblich »in your face« schreit, wird eiskalt ignoriert! Denn unser Ego liebt Geschichten und hasst Fakten! Wenn wir diese erfundene Rolle dann dennoch lange weiterspielen, zeigen uns unser Verstand und Körper einfach, dass sie es leid sind, diese Rolle zu spielen, da sie nicht dem entspringt, wer wir wirklich sind.

Jim Carrey hat es einmal sehr schön formuliert: »Depression is your body saying: ›I don't want to be this character anymore. I don't want to hold up this avatar that you created in this world. It's too much for me.‹«[26] Das bedeutet auf Deutsch: »Depression ist die Art deines Körpers zu sagen: ›Ich will nicht mehr dieser Charakter sein. Ich will diesen von dir erfundenen Avatar nicht weiter aufrechterhalten. Es ist zu viel für mich.‹«

Er beschreibt hier sehr schön, dass es ein Charakter ist, den wir erfunden haben, ähnlich wie in einem Videospiel, in dem man sich das Aussehen und gewisse Eigenschaften aussuchen kann. Wir haben durch unsere Gedanken schlichtweg über Monate und Jahre einen Charakter erschaffen, der in seiner Realität immer die Opferposition einnimmt und nie die Macht hat, etwas an der Situation zu ändern. Es ist ein Charakter, der eine Rolle einnimmt, die ganz und gar nicht dem entspricht, wer man sein will, geschweige denn sein könnte. Dies ist eine sehr trainierte Geschichte. Und jede erfundene Geschichte über uns, die uns von diesem Wissen über unsere Schöpferkraft fernhält, ist eine, die sich für uns destruktiv auswirkt. Man könnte sagen, es ist die logische Konsequenz. Das bedeutet, dass solch ein Umstand der Ohnmacht durch die Art erschaffen wird, wie wir denken, so, wie wir uns traurig oder fröhlich denken können.

Mir ist vollends bewusst, dass das Ganze sehr simpel heruntergebrochen ist, doch schauen wir uns diese Sache einmal durch die evolutionäre Brille an. Das ist besonders spannend für dich, wenn du glaubst, dass es für solche »emotionalen Zustände« nur eine lange und komplizierte sowie komplexe Lösung geben kann. Alles, was durch den Lauf der Evolution erschaffen wurde, ergibt irgendwo Sinn und ist Teil des übergeordneten Organismus. Und der gesamte Organismus ist simpel, wenn man ihn aus der Metaebene betrachtet. Wenn wir jetzt einen emotionalen Zustand nehmen, von dem wir fest glauben, dass dieser schwer ist und nicht durch etwas Simples gelöst werden kann, dann müssen wir uns über etwas bewusst sein: Die Evolution hat dafür gesorgt, dass es für alle destruktiven Dinge Lösungen gibt, die natürlich und einfach umsetzbar sind. Denn warum sollte die Evolution etwas Grundlegendes erschaffen, für das sie selbst keine Lösung hat? Das »Leben selbst« ist darauf aus, weiter am Leben zu bleiben. Es ergibt demnach in keiner Weise Sinn, dass es etwas erschafft, das gegen das Leben selbst arbeitet und nicht einfach gelöst werden kann.

Doch wenn du dir jetzt eine bestimmte Geschichte erzählst, die in dir eine Emotion hervorbringt, die wir in der Gesellschaft als Depression labeln, und wenn du glaubst: »Dafür gibt es keine einfache Lösung!«, dann frage dich, ob das evolutionär Sinn ergibt. Denn dann behauptest du, dass die Evolution an dieser einen Stelle eine Ausnahme gemacht und etwas erschaffen hat, mit dem sie selbst nicht klarkommt! Alles andere aus der Entwicklung des Lebens lässt sich einfach lösen, nur diese eine Sache nicht, von der du in deiner selbst erschaffenen Realität glaubst, dass sie wahr sei. Diese eine Situation ist die eine Ausnahme!

Ich weiß, dass es etwas zynisch klingt. Aber ich musste es an dieser Stelle einfach so direkt sagen, damit es vollends ankommt und nicht von deinem Ego an irgendeiner Stelle doch verschleiert wird. Wenn du beginnst, deine mentale Stärke zu trainieren, was mit der Kontrolle deiner Gedanken einhergeht, dann veränderst du deine gesamte Realität! Somit veränderst du auch die Wahrnehmung in diesem Bereich, selbst wenn du es dir jetzt gerade noch nicht vorstellen kannst und es dich bis aufs Blut triggert.

Ich sage nicht, dass es von heute auf morgen geht, denn deine Gedanken, die dich in deinen momentanen Zustand gebracht haben, sind sehr trainiert. Sie sind einfach zu denken und dein Körper verlangt natürlich weiter nach seiner täglichen Dosis. Das ist nun mal gerade so, wie es ist. Doch ich will dich dafür sensibilisieren, dass du dich auch zu anderen Gedanken und somit anderen Emotionen hintrainieren kannst, egal welche Emotion du in einer langen Zeitspanne immer und immer wieder durch deine Gedanken produzierst hast. Ich will dich nicht davon abhalten, Woche für Woche über eine dramatische Geschichte zu sprechen, die dich erst in diese Situation gebracht hat. Alles, was ich sagen will, ist, dass es energetisch und evolutionär genauso wie rational sehr sinnvoll ist, deine Energie in die Erschaffung neuer Gedanken, Emotionen und einer neuen Geschichte zu stecken, nicht mehr und nicht weniger. Was du letztendlich machst, liegt bei dir. Meiner Meinung nach besteht der effektivste Schritt, den wir als Menschen machen können, darin, uns aus unserer Unbewusstheit zu befreien, indem wir uns durch die Kontrolle unserer Gedanken in der Bewusstheit trainieren. Erinnere dich dafür an das erste Kapitel dieses Buches. Es geht darum, dass wir uns darüber bewusst werden, dass wir mit unseren Gedanken unsere Realität formen, nichts sonst! Es gibt keine Instanz, die ausschlaggebender für die Erschaffung deiner Realität ist als deine Gedanken. Das bedeutet: Wenn du in deiner Realität eine Geschichte nicht erschaffst, dann existiert sie schlichtweg für dich nicht!

Bei der Modediagnose ADHS verhält es sich genauso. Dazu muss ich an dieser Stelle nicht mehr viel sagen, oder? Bevor du dir selbst eine Geschichte darüber erzählst, dass du jemand bist, der diese Diagnose angeblich hat, frage dich Folgendes: »Was habe ich in den letzten 12 Monaten mehr trainiert: Social Media, mit neuen Posts und Videos alle paar Sekunden, oder das Lesen von Büchern und Meditation bzw. Achtsamkeit?«

Denn wenn es Ersteres ist, dann ist es keine »Krankheit« oder sonstiges, dass du deine Aufmerksamkeit kaum noch auf etwas halten kannst und ständig nervös bist, sondern lediglich die logische Konsequenz deines Trainings, nicht mehr und nicht weniger. Wenn du mehrfach die Woche deinen Körper trainierst, dann baust du Muskeln auf und nimmst Fett ab. Das passiert natürlich nur, wenn die Ernährung dazu stimmt. Es ist die logische Konsequenz! Wenn du dein Gehirn darin trainierst, seine Aufmerksamkeit maximal drei Sekunden auf etwas zu auszurichten, dann ist eine kurze Aufmerksamkeitsspanne die logische Konsequenz, nicht mehr und nicht weniger. Eine Geschichte voll mit Wolkenwörtern ist an dieser Stelle das Dümmste, was du dir selbst antun kannst! Denn solche »Umstände« passieren dir nicht einfach, sie werden von dir erschaffen. Geh auch hier in die 100-prozentige Verantwortung! Das ist wahre mentale Stärke.

Noch einmal abschließend dazu, da ich mir sicher bin, dass es an dieser Stelle einige gibt, die dieses Buch am liebsten direkt in den Müll werfen würden, da es sie emotional so sehr triggert. Dieses Gefühl, das du gerade spürst, ist im Grunde der Beweis dafür, dass du glaubst, dass es wahr sei, sich aber dein Ego aufgrund einer Identifikation stark dagegen wehrt. Sonst würde es dich komplett kalt lassen oder du würdest es aus einer objektiven Position heraus neutral betrachten. Die Frage ist jetzt also, was du mit dieser Information machst. Falls du diesem Kapitel komplett zustimmst, aber noch denkst: »Das ergibt alles so viel Sinn. Doch ich habe das Gefühl, dass es für mich nicht so einfach ist«, dann frage dich, ob »etwas zu denken« etwas mit »einfach« und »schwer« zu tun hat oder nur mit »gewohnt« und »ungewohnt«. Sag es also, wie es ist: »Das ergibt alles so viel

Sinn. Ich denke einfach, dass es zu Beginn sehr ungewohnt sein wird, diese neuen Gedanken zu denken.« Das wäre so akkurat, wie es nur sein kann. Merkst du, wie die Umformulierung dieses Gedankens dich direkt in eine machtvollere Position befördert, in der du daraus resultierend das Gefühl produzierst, Hoffnung und Zuversicht für eine Veränderung zu haben? So leicht kann es sein, durch die Wortwahl die eigene Realität zu verändern. Um hier erneut den guten Ludwig heranzuholen: »Die Grenzen meiner Sprache bedeuten die Grenze meiner Welt.«[27] Für dich wird das wahr, was du denkst, ob es stimmt oder nicht. Doch diese sprachliche Grenze, die du wählst, bildet letztendlich auch die Grenze deiner Realität.

Jetzt haben wir das einzelne Puzzleteil der Fakten, das bisher noch so einsam mitten in der freien Fläche lag, mit den Teilen der Geschichte umrandet und eine weitere riesige Ecke ausgefüllt. Unser Bild nimmt mehr und mehr Gestalt an. Wir erkennen mittlerweile auch schon den Großteil des Bildes. Eine größere Ecke steht jedoch noch aus und da wir neugierig bleiben, sind wir offen, was sich wohl in diesem Teil des Bildes verstecken wird.

Bevor wir uns allerdings diese letzte große freie Ecke anschauen, lass uns zuerst einmal die ganzen destruktiven Wolkenwörter der Szene auseinandernehmen. Das nächste Kapitel wird unter Umständen sehr viel Widerstand hervorrufen. Darüber bin ich mir bewusst. Dazu kommt, dass viele Coaches, Trainer und Speaker aus der Szene ihr gesamtes Marketing auf diesen Worten aufbauen. Ich sage hiermit nicht, dass jemand, der solche Worte benutzt, nicht gut ist. Denn im Marketing muss man die Menschen an dem Punkt abholen, an dem sie gerade stehen, nicht da, wo man sie gern hätte. Und wenn die Menschen nun mal ihre Realität mit diesen Worten erschaffen, müssen wir im Marketing die gleichen Worte wählen. Ich will dich einfach dafür sensibilisieren, dir immer wieder diese Fragen zu stellen: »Was sind hier die Fakten? Was ist nur Geschichte? Welche Gedanken produzieren hier gerade welche Emotion, auch wenn sie nicht unbedingt wahr sind?« Und im Idealfall beginnst du direkt, alternative Formulierungen zu wählen.

KAPITEL 11

DIE WOLKENWÖRTER DER SZENE

Auch zu diesem Kapitel muss ich vorab eine kleine Warnung aussprechen. Keine große oder schlimme, doch wenn du das, was jetzt in diesem Kapitel kommt, beherzigst, dann wirst du dich oft in dieser oder einer ähnlichen Situation wiederfinden: »Was soll ich denn jetzt denken?« Die Art, wie du über dich und die Welt nachdenkst, wird nach diesem Kapitel oft an einen Punkt gelangen, an dem dir im ersten Moment schlichtweg die Gedanken fehlen. Was bleibt, ist eine unfassbare Ruhe und Stille im Kopf. Es fühlt sich dann manchmal so an, als ob mitten in einer Kette von Zahnrädern ein Zahnrad fehlen und sich die anderen deswegen nicht weiterdrehen würden.

Wir werden nun einen Großteil der Wolkenwörter und Wolkenformulierungen in der Szene auseinandernehmen. Ich bin schon richtig aufgeregt, denn es wird nicht nur verdammt viel für dich bewegen, sondern dich auch hier und da triggern, wodurch du noch besser erkennst, wie dein Ego dich fängt. Stell dir bei allen Wörtern und Formulierungen vor, wie ich auf deiner Schulter sitze und dich immer wieder frage: »Was sind die Fakten?« Falls du mich ignorierst und die Wörter doch weiter benutzt, dann hörst du Jennys Stimme von deiner anderen Schulter. Such es dir also sorgfältig aus. Zudem kann es dir besonders in diesem Kapitel so vorkommen, als ob ich Menschen mit mentaler Schwäche abwerten würde. Das ist NICHT der Fall! Jeder Mensch ist in manchen Bereichen mental stark und in anderen mental schwach. Mental schwach zu sein ist, wie bereits öfter erwähnt, nicht schlimm. Es ist meiner Meinung nach jedoch schlimm, wenn wir dies beibehalten, nicht nur für das ungenutzte Potenzial, sondern auch für unsere Mitmenschen. Einige Formulierungen werden dir sehr geläufig sein, andere vielleicht weniger. Indem wir diese spezifischen Beispiele sezieren, wirst du auch ähnliche oder verwandte destruktive Sätze direkt erkennen und für dich ändern können. Frag dich nach jeder Aussage auch: Welche Realität erschaffe ich mir auf Dauer, wenn ich diese Formulierung weiter nutze? Lass uns beginnen.

Ich habe tief sitzende Glaubenssätze: Das haben wir bereits in einem der ersten Kapitel behandelt, doch da es zu den gängigsten Aussagen gehört, sollte es erneut erwähnt werden. Wo ist tief sitzend? Wie kommt man an diesen Ort? Tief sitzend gibt es nicht, sondern nur »sehr trainiert«! Also sag es, wie es ist. Was sind Glaubenssätze? Sie sind nichts weiter als Gedanken, die du über einen längeren Zeitraum immer und immer wieder denkst, bis zu einem Punkt, an dem du beginnst, sie zu glauben. Ob sie stimmen oder nicht, ist egal. Also wäre eine akkurate Formulierung: Ich denke seit längerem einen Gedanken, welcher dadurch sehr trainiert wurde und den ich deswegen glaube. Sei du der durchgehend ausführende Faktor und stell dich nicht als jemand hin, der einer Sache einfach so ausgesetzt ist.

Ich kämpfe mich seit Jahren durchs Leben: Solange du nicht professioneller Kampfsportler bist oder ständig auf der Straße überfallen wirst und dich körperlich wehren musst, ergibt diese Formulierung einfach gar keinen Sinn. Sie klingt unnötig dramatisch und wird von Menschen mit mentaler Schwäche als Rechtfertigung benutzt, weil sie ihre Gedanken nicht unter Kontrolle haben und dadurch einen »Struggle« nach dem nächsten selbst erschaffen.

Ich stecke fest: Steckst du wirklich fest und kannst dich nicht mehr bewegen? Also selbst wenn du bis zum Hals einbetoniert wärst, könntest noch deinen Kopf von links nach rechts bewegen. Diese Formulierung ist einfach eine dramatische Darstellung deines Egos. Faktisch ist es jedoch so, dass wir nur ständig die gleichen Gedanken denken, welche die gleichen Ergebnisse produzieren und es uns deswegen so vorkommt, als würden wir in einer Situation »feststecken«. Doch Tatsache ist, dass Energie niemals stillstehen kann. Also können eine Situation oder wir auch nicht feststecken! Was tatsächlich passiert, ist, dass wir immer und immer wieder die gleiche Situation erschaffen und deswegen das Gleiche erleben.

Ich fühle mich gefangen: Das ist im Grunde die gleiche Formulierung wie »Ich stecke fest«. Demnach ist hier auch der gleiche faktische Lösungsansatz gegeben. Viele benutzen diese Formulierung, wenn sie beispielweise in einer schrecklichen Beziehung sind, diese aber aufgrund von Kindern, Job und Geld nicht beenden können, zumindest in ihrer erschaffenen Realität. Fakt ist jedoch, dass wir IMMER eine Wahl haben. Jede Entscheidung hat eine logische Konsequenz oder, um es dramatischer auszudrücken, einen »Preis, den es zu zahlen gilt«. Sich selbst zu erzählen, dass man in einem Umstand gefangen ist, ist nichts weiter als eine überzeugte, aber erfundene Opferhaltung.

Ich muss meine Ketten sprengen / Fesseln lösen: Echt jetzt? Welche Ketten? Sind die aus Metall oder sind es einfach dicke Seile? Und wer hat diese angebracht? Ach ja, richtig, du selbst! Diese Ketten existieren nicht. Doch wenn du dir selbst die Geschichte erzählst, dass du Ketten hast, die dich zurück- oder unten halten, dann glaubst du irgendwann, dass du gegen etwas ankämpfst und dich von etwas befreien musst, das nicht einmal da ist. Das bedeutet, du richtest enorm viel deiner Energie auf das Bekämpfen von etwas, was nicht existiert und on top **von dir selbst** imaginär erschaffen wurde. Denn denk daran: Es gibt keinen Grund, außerhalb von irgendeiner Box zu denken – es gibt keine Box! Dies ist nicht nur seit Jahren der Leitsatz meines Unternehmens, da es mich an die Illusion erinnert, die wir uns täglich aufbürden, es erinnert mich auch gleichzeitig daran, dass ich alles selbst erschaffe!

Ich werde aus der Asche auferstehen: Welche Dramaturgie! Ein Applaus ertönt von den Rängen. Sagen wir, du bist wirklich in einer krass destruktiven Situation. Vieles läuft gerade nicht so, wie du es wolltest, auch wenn du es selbst erschaffen hast. Bist du in Asche begraben? Wurdest du verbrannt? Musst du wieder auferstehen? Oder musst du lediglich deine Gedanken unter Kontrolle bringen und beginnen, eine neue Realität zu kreieren, die nicht dafür sorgt, dass du dir vorkommst, als wärst du ein Fabelwesen, das erst zu Asche zerfallen muss? Falls du doch daran festhalten willst, dann kauf dir idealerweise direkt online ein Vogelkostüm. Denn wenn du diese Rolle schon einnehmen willst, dann auch richtig! Denk daran, dass mental starke Menschen die volle Verantwortung für jeden Lebensbereich übernehmen!

Ich muss meine inneren Dämonen besiegen: Wow! Ich glaube, dass dies der Gipfel der Ausreden ist. Haben wir

Menschen Seiten an uns, die wir nicht unbedingt mögen? Ja, klar. Sind es Dämonen? Nein! Es sind nichts weiter als Eigenschaften, die wir in eine Richtung konditioniert und trainiert haben, die nicht mit unseren Werten und Ansichten übereinstimmen. Und wie haben wir sie trainiert? Indem wir unsere Gedanken in diesem Lebensbereich extrem unkontrolliert abschweifen ließen. Sie jetzt im Nachhinein als Dämonen zu bezeichnen, ist etwas **sehr** hoch gegriffen. Aber ist es nicht gleichzeitig, ohne jetzt in einen religiösen Kontext zu gehen, eine unfassbar schöne Analogie, die zeigt, dass wir Menschen uns selbst Himmel und Hölle erschaffen können? Außerdem ist es eine leicht gefundene Ausrede, um die Verantwortung an so etwas wie eine »höhere Macht« abzutreten. Das ist ein gefundenes Fressen für die Dramaturgieklasse des Egos.

Ich befinde mich in einem endlosen Strudel an XY: Nein. Du wiederholst einfach sehr kontinuierlich und beharrlich die Gedanken, die dafür sorgen, dass du immer wieder eine Realität kreierst, die immer wieder dieselben Resultate erzeugt, nicht mehr und nicht weniger.

Ich bin durch das dunkle Tal der Verzweiflung gelaufen: Was für ein toller Plot für einen Abenteuerfilm, in dem wir uns gern als Helden sehen. Doch Fakt ist, dass du dich durch die Art deiner Gedanken selbst in das »Tal« begeben hast. Du hattest zu jedem Zeitpunkt die Option, den »Berg« hinaufzugehen, dorthin, wo »Sonne« ist. Verzweiflung ist eine sehr destruktive Emotion, definitiv! Doch noch mal: Du fühlst sie nicht, weil es wahr ist, dass du verzweifelt bist. Du fühlst sie, weil du sie mit deinen Gedanken produzierst. Es passiert, weil du dir eine Geschichte darüber erzählst, dass du einer Situation ohnmächtig ausgeliefert bist und gleichzeitig im vollen Widerstand zu dieser stehst. Ironischerweise lässt dich dein Widerstand zu dieser Geschichte in genau dieser bleiben. Dadurch widmest du deine schöpferische Kraft dieser Thematik. Denn ein Widerstand gegen etwas sorgt lediglich dafür, dass diese Sache länger in deinem Leben bleibt. Es bewirkt, dass du deine schöpferische Energie auf etwas verwendest, das du ja eigentlich nicht mehr willst. Mit unserem Fokus und unserer Energie können wir nur »hin zu etwas« arbeiten, nicht »weg von etwas«. Es ist eine kollektive Illusion, dass etwas umso schneller verschwindet, je mehr wir es mit unserem Fokus bekämpfen. Keinen Widerstand zu leisten, bedeutet nicht, dass du etwas gutheißt. Es bedeutet lediglich, dass dir dein innerer Frieden wichtiger ist als die Stimme deines Egos, die nur sagt: Das sollte so nicht sein, das sollte anders sein! Frag dich an dieser Stelle: Will ich glücklich sein oder im Ego recht haben? Verwende deine Energie also nicht für den Widerstand und die Bekämpfung von etwas, sondern lediglich für die Erschaffung des Neuen!

Die nächsten Jahre werden hart und es wird eine Wüste der Einsamkeit auf diesem Weg sein: Vorab will ich sagen, dass mir solch ein Satz zum Glück noch nie live zu Ohren gekommen ist. Ich habe aber, um einige Wolkenwörter und die Macht ihrer Kombination zu zeigen, ihn hier so zusammengewürfelt. Somit hat diese Aussage mehr Drama als jede Soap, die du im Mittags-TV sehen kannst. Wenn du schon glaubst, dass die nächsten Jahre hart werden, programmierst du dein Gehirn genau darauf. Und was war noch einmal eine der Aufgaben deines Gehirns? Ach ja, das, was du glaubst, mit dem, was du erlebst, abzugleichen! Das bedeutet, wenn du die nächsten Jahre mit dieser Einstellung angehst, dann wird es auch so werden! Das mit der Wüste der Einsamkeit habe ich noch hinzugedichtet, da ich immer wieder solchen abstrakten Gedankenmüll höre. Was ich festgestellt habe, ist, dass die meisten Menschen, die solche krassen Aussagen nutzen, gar nicht wollen, dass es für sie schöner wird. Sie sind so sehr mit ihrem Ego, dem erfundenen »Struggle«, dem Leid und dem Kampf identifiziert, dass sie glauben, es habe keinen Wert, wenn es nicht mindestens genauso hart würde wie angenommen! Das ist eine verdrehte Denkweise. Es ist und bleibt jedoch einfach so, dass du langfristig mit dem, von dem du am meisten überzeugt bist, immer recht behalten wirst! Du erschaffst deine eigene Realität und ob sie wahr ist oder nicht, ist an dieser Stelle wie immer vollkommen egal.

Ich betreibe tiefe Schattenarbeit: Dieser Begriff stammt vom großen Carl Gustav Jung[28], einem Pionier in der Entdeckung der menschlichen Psyche. Dennoch ist der Begriff der »Schattenarbeit« ein Wolkenwort in sich und sehr destruktiv. Natürlich ist der Prozess durchdacht. Doch einen Anteil von sich selbst, den man nicht akzeptiert oder verdrängt, als »Schatten« darzustellen, ist schon etwas dramatisch. Ich muss an der Stelle immer an Peter Pan denken, der seinen Schatten sucht, um ihn sich wieder anzunähen. Doch zurück zur destruktiven Formulierung: Warum nicht einfach sagen, dass du ab jetzt damit beginnst, bisher nicht ausgelebte Gedanken, Einstellungen, Wünsche etc. in einem anderen Licht zu sehen, sodass du dich besser mit ihnen fühlst? Mit dem Wort » Schatten« verbinden die wenigsten die lustigen Schattenspiele, die wir als Kinder gemacht haben, wenn die Sonne kurz über dem Horizont stand und wir deswegen fünf Meter groß auf dem Asphalt erschienen. Wir verbinden damit eher etwas Dunkles, Düsteres, Schweres. Doch ist es das, was mit der sogenannten Schattenarbeit einhergeht? Im Grunde werden einfach deine momentanen Gedanken, mit denen du identifiziert bist, verändert und damit zu anderen Gedanken. Das ist kein Grund für unnötige Dramaturgie, die dafür sorgt, dass dieser gesamte Prozess schwieriger dargestellt wird, als er ist.

Ich muss mich von meinen Traumata befreien: Dies ist in den letzten Jahren ein so starkes Szenewort geworden, dass es fast schon erschreckend ist. Wenn man nach der Definition schaut, steht dort so etwas wie »schwere seelische Verletzung« oder »starke psychische Erschütterung«[29]. Zum Thema mit der Seele kommen wir am Ende dieses Buches noch einmal. Danach wirst du über diese Beschreibung hier lachen. Eine starke psychische Erschütterung entsteht, wenn du etwas Intensives erlebst, das du vorher noch nicht erlebt hast und auf das du nicht vorbereitet warst. Das war es aber auch schon!

Es gibt dazu ein bekanntes Beispiel: Ein Fußgänger kann einen Autounfall beobachten, bei dem ein Mensch sehr schwer verletzt wurde. Er sieht Knochen, offene Wunden und Ähnliches. Allein durch diese Beobachtung kann eine sogenannte psychische Erschütterung entstehen. Doch Rettungssanitäter sehen solche Bilder jede Woche. Sind diese »Traumata« also fix gesetzt? Nein! Sie entstehen, weil wir in dem Moment mental zu schwach sind, um diese Situation zu verarbeiten. Und das soll kein »Diss« sein – es ist einfach, wie es ist. Ich gebe hier wirklich keine Bewertung rein oder will jemanden herabsetzen, sondern will den Begriff mit dieser provokanten Sichtweise lockern. In der Szene schmeißen die meisten Menschen mit diesem Begriff wie mit Konfetti um sich. Da die meisten dieses Wolkenwort nicht greifen können, verlieren sie sich direkt darin und erzählen sich die Geschichte über sich, dass sie voll mit Traumata sind. Da wir jedoch wissen, dass unsere Geschichten früher oder später immer eine Bestätigung im Außen finden, erschaffen wir uns hiermit selbst unsere Realität. Auch hier noch einmal der Disclaimer: Ich sage nicht, dass es keine Traumata gibt. Doch ähnlich wie bei den Szenediagnosen aus dem vorherigen Kapitel wird dieser Begriff durch die Geschichten, die sich die meisten Menschen über sich erzählen, immer schlimmer und schwerer für sie selbst. Ihre Realität wird von ihnen erschaffen, egal, ob sie wahr ist oder nicht.

Heilen vom Leid im Herzen / des inneren Kindes / von inneren Wunden: Wodurch entsteht diese Form von Leid? Durch Widerstand zu dem, was gerade ist! Wodurch entsteht Widerstand? Durch die Gedanken, die du zu einer Situation hast, und die Stimme deines Egos, die sagt: »Das sollte so nicht sein, das sollte anders sein!«, was im Grunde auch nur eine Form von Gedanken ist. Das mit dem Heilen des inneren Kindes ist so eine Sache. Was bedeutet das? Gibt es tatsächlich etwas, das geheilt werden muss oder kann? Ist es eine wirkliche Verletzung? Ist dieses Kind somit wirklich verletzt? Und wo lebt das Kind in dir? Bist du schwanger? Ich verstehe natürlich, was damit gemeint ist. Doch auch hier frage ich mich: Warum die Sprache nicht zielführend einsetzen und es so sagen, wie es ist? Es kann z. B. so sein, dass du als Kind in einem Haushalt aufgewachsen bist, in dem sich deine Eltern nur gestritten haben. Jetzt kannst du es dramatisch als Wolkenwort formulieren und sagen: »Ich muss mein inneres Kind heilen in Bezug auf Beziehungen.« Oder du sagst einfach: »Als Kind habe ich mitbekommen, wie schlecht eine Ehe sein kann und wie sehr andere in Mitleidenschaft gezogen werden. Ich nehme diesen Kontrast und beginne jetzt, mir eine neue Realität zu erschaffen.« Versteh es bitte richtig. Wenn ich hier so ketzerisch über diese Begriffe spreche, dann zweifle ich nicht an, dass es wichtige Prozesse sind. Ich sage lediglich, dass auch hier die unnötig destruktive Wortwahl nur dafür sorgt, dass wir in den Glauben fallen, kleine, hilflose Kinder zu sein. Doch das sind wir nicht. Wir sind Schöpfer unserer eigenen Realität! Wir übernehmen Verantwortung! Wenn du dir aber einredest, dass du ein verletztes Kind bist, dann denkst und fühlst du dich dadurch klein und schwach.

Gleiches gilt, wenn du sagst, dass du »innere Wunden« hast. Woher stammen diese? Von einem Messer? Hast du aus Versehen Glas gegessen? Nur, weil jemand etwas gesagt hat, das **du selbst** als negativ bewertet hast und zu dem du freiwillig durch deine Unbewusstheit mit dem Ego im Widerstand warst, wurdest du verletzt? Echt jetzt? Es ist eine Verletzung, die keine wahre Verletzung ist. Sie entstand durch eine Situation, die du selbst so kreiert hast. Es dann noch als »innere Wunde« zu deklarieren, ist etwas sehr übertrieben, meinst du nicht?

Ich muss meine Ängste überwinden: Dies ist eine Wolkenformulierung, die sehr häufig genutzt wird. Doch was bedeutet es, die eigenen Ängste zu überwinden? Woher stammen sie? Richtig, aus der Art, wie du über Dinge denkst! Ich habe in meinem Business-Mentoring eine Therapeutin, die extrem gut darin ist, Flugangst oder Angst vor Spinnen etc. bei ihren Klienten »wegzuzaubern«. Teilweise ist das bereits nach einer oder zwei Stunden Zusammenarbeit erledigt. Warum? Weil die Menschen danach anders über die Situation denken. Angst ist eine Emotion, die durch deine Gedanken entsteht. Wenn du andere Gedanken hast, würde diese Emotion nicht entstehen. Natürlich darf es auch trainiert werden. Doch Ängste sind nichts, was wahrhaftig ist. Sie sind lediglich von dir in deiner Realität erfunden.
Erkennst du immer mehr, wie wir uns unsere eigene Illusion der einengenden Boxen erschaffen? Eine Ausnahme ist natürlich, wenn du dich gerade faktisch in einer Situation befindest, in der du einer wirklichen Gefahr ausgesetzt bist, etwa, wenn vor dir eine Giftschlange auftaucht und du Angst verspürst. Hier ist es natürlich sinnvoll, zu handeln und nicht erst zu reflektieren, welche Gedanken man wohl gerade als Auslöser dafür formuliert hat.

Ich werde meine Blockaden auflösen: Was ist denn eine Blockade? Wenn jemand sagt, dass er sich blockiert fühlt, frage ich mich: Wo ist diese Blockade? Vor der Haustür? Oder kann er durch diese Blockade sein Auto nicht mehr aus der Ausfahrt fahren? Sich selbst die Geschichte zu erzählen, dass man blockiert sei, ähnelt der Aussage, dass man tief sitzende Glaubenssätze habe. Wir haben sie nicht, wir erschaffen sie aktiv selbst. Übernimm hier die Verantwortung, anstatt sie durch deine Sprache abzugeben! Eine Blockade ist nichts weiter als ein Gedanke, den du denkst und der dich zu einem Punkt führt, an dem du entweder nicht weiterweißt oder immer wieder die gleichen unerwünschten Resultate erzielst. Auch hier sind es deine Gedanken, nicht mehr und nicht weniger. Wer hätte das gedacht?

Ich muss meine schwere Vergangenheit loslassen: Wie viel wiegt denn deine Vergangenheit? Kannst du es faktisch in Gramm, Kilogramm oder Tonnen bemessen? Nein? Dann hör auf, diese Formulierung zu nutzen! Das erzeugt nur zusätzliche unnötige Schwere, im wahrsten Sinne des Wortes. Und wenn jemand sagt, dass er die Vergangenheit loslassen muss, frage ich mich in erster Linie, wie die Person diese überhaupt festhält? Denn faktisch existiert sie nicht! Das Einzige, was existiert, ist der jetzige Moment. Deine Vergangenheit ist nichts weiter als ein elektrisch-biochemischer Impuls in deinem Verstand. Später erfährst du hier im Buch mehr dazu. Festhalten entsteht also einzig und allein, weil du einen Gedanken über deine Vergangenheit immer und immer wieder im Jetzt formulierst. Dies ist eine der häufigsten Tätigkeiten, der wir Menschen den ganzen Tag über nachgehen. Wir denken über Geschichten der Vergangenheit nach. Meist sind es welche, die wir nicht mögen. Denn aus der Wiederholung der Geschichte in unserer momentanen Realität finden wir immer wieder irgendeine Bestätigung und Schuldzuweisung für die Umstände, in denen wir uns gerade befinden. Ist es nicht spannend, wie unfassbar destruktiv wir Menschen uns selbst gegenüber sein können? Fast schon peinlich, dass wir uns als die Krone der Schöpfung bezeichnen, oder was meinst du?

Ich muss die Energievampire aus meinem Leben verbannen: Natürlich schätze ich es, wie jeder andere auch, wenn wir ein unterstützendes Umfeld haben und Menschen, die uns mit ihren Worten und Taten supporten, weil sie an uns glauben. Doch lass dir gesagt sein, dass es so was wie Energievampire nicht gibt! Niemand außer dir selbst kann über deine Energie bestimmen! Der Grund, warum dennoch so viele Menschen an ihre Existenz glauben, liegt in deren mentaler Schwäche. Wenn jemand etwas Destruktives tut oder sagt und du von dir aus beginnst, diese Gedanken zu übernehmen und selbst darüber nachzudenken, dann fühlst du dich natürlich auch destruktiv. Das liegt jedoch nicht daran, dass jemand anderes etwas gesagt oder getan hat. Es passiert, weil du selbst begonnen hast, diese Gedanken zu denken. Sprich, auch hier kann man ganz nüchtern sagen, dass du dir selbst durch deine eigenen Gedanken deine Energie raubst. Du musst also nicht andere Menschen aus deinem Umfeld verbannen, sondern darfst dich darin trainieren, deinen Fokus auf dem zu halten, was du wirklich willst, und darauf, in welche Richtung du dich in deinem Leben bewegen willst. Und vor allem solltest du aufhören, in die Opferhaltung zu gehen, indem du dir die Geschichte erzählst, dass es so was wie Energievampire gäbe und du ihnen ausgeliefert seist. Ich empfehle dir natürlich trotzdem, dein Umfeld zu verändern, wenn du niemanden bei dir hast, der dich supportet und an dich glaubt. Denn wir alle kennen den berühmten Satz von Jim Rohn, dass du die Summe der fünf Menschen bist, mit denen du deine meiste Zeit verbringst. Du willst in deinem Umfeld ja nicht 24/7 auf Alarmbereitschaft sein, wenn jemand etwas sagt. Sorge demnach einfach dafür, dass du ein aufbauendes Umfeld hast und mach es dir nicht unnötig herausfordernd! Mit diesem Absatz will ich dir bewusst machen, dass du solchen destruktiven Menschen nicht ausgeliefert bist, selbst wenn du sie in deinem Umfeld hast. Sie bestimmen nicht, wie es dir geht oder wie viel Energie du hast. Du tust es selbst!

Ich muss mich von den toxischen Menschen befreien: Immer, wenn jemand so etwas sagt, denke ich an bunte Regenwaldfrösche, die Giftpfeile zur Abwehr abschießen. Was sollen denn bitte toxische Menschen oder toxisches Verhalten sein? Ja, es gibt destruktive Verhaltensweisen von Menschen. Aber warum toxisch? Wenn eine Sache wirklich toxisch ist, haben wir Angst davor, da wir von diesen Dingen vergiftet werden können. Und das auch zu Recht, denn Gift ist in der Regel stärker als unser Immunsystem und wir brauchen ein Gegenmittel. Doch wenn wir andere Menschen als toxisch beschreiben, geben wir all unsere Macht ab. Wir gehen in die Opferhaltung und sagen, dass andere über uns bestimmen können und ihr Verhalten stärker ist als wir. Und dass der einzige Weg, sich vor dem Gift dieser Menschen zu schützen, darin besteht, sie zu meiden. Natürlich solltest du Menschen, die durchgehend destruktiv sind und für die du unnötig viel Energie aufwenden musst, wenn du in ihrer Gegenwart bist, einfach gänzlich meiden. Doch ich will dich auch hier dafür sensibilisieren, dass du immer dieses Verhalten an den Tag legen und weglaufen wirst, wenn du dich von solchen Menschen trennst, weil du sie als toxisch ansiehst. Du kannst dich zwar aus einer Situation entfernen, doch du wirst dich selbst immer in den neuen Umstand mitnehmen, immer im Opfermodus sein und befürchten, dass andere Menschen dich »vergiften« können. Du gibst in diesem Zustand deine Macht der Illusion hin, dass andere machtvoller sind als du.

Ich bin XY in dem System, weil ich zu einem bestimmten Zeitpunkt geboren wurde: Ich weiß, ich mache damit jetzt ein riesiges Fass auf. Aber hör bitte auf, mit so einer Aussage Verantwortung abzugeben! Gerade in den letzten Jahren sind sehr viele Systeme entwickelt worden, die besagen, dass man aufgrund eines Datums, einer Uhrzeit oder der Sternenkonstellation bei der Geburt bestimmte Eigenschaften aufweist. Das ist schlichtweg die Grunddefinition von mentaler Schwäche, nämlich Gründe in Umständen zu suchen, an denen man nichts verändern kann, um damit zu rechtfertigen, warum gewisse Dinge scheinbar so sind, wie sie sind. Wenn es dich genauer interessiert, dies nennt sich »Barnum-Effekt«[30]. Dieser besagt, dass Aussagen so getroffen werden, dass sie auf die meisten Menschen zutreffen. Das kann in etwa so aussehen: »Sie haben manchmal Unsicherheiten, obwohl Sie im Allgemeinen eine selbstbewusste Person sind.« Hier wird so ziemlich jeder Mensch sagen: »Genau das bin ich! Da dies so auf mich zutrifft, wird der Rest in diesem Text wohl auch stimmen.« Tests, die auf unveränderbare Umstände zurückzuführen sind, bilden sehr effektive Ausreden für unser Ego, das gern Schuld zuweist und Verantwortung abgibt. Wie oft habe ich schon Sätze gehört wie: »Sorry, dass ich das jetzt so sage und sie deswegen weint. Ich kann eben nichts dafür, ich bin Sternzeichen Z.« Nein. Es passiert nicht, weil du zu einem gewissen Zeitpunkt geboren wurdest, sondern einfach nur, weil du ein Arsch bist! Es gibt auf der anderen Seite auch Persönlichkeitstests oder Systeme, die dir ein Label geben und die ich befürworte. Das sind in der Grunddefinition Tests, die ihre Daten nicht aus unveränderbaren Eigenschaften ziehen, sondern aus der Art und Weise, wie dein Verhalten im Hier und Jetzt ist. Denn Fakt ist, dass sich unsere Persönlichkeit im Laufe unseres Lebens entwickelt. Diese Tests machen beim Ausfüllen so etwas wie eine Bestandsaufnahme der aktuellen Entwicklung und des Verhaltens. Natürlich gibt es auch hier genauere und weniger genauere Formen. Doch der Grundgedanke ist deutlich ermächtigender. Gerade wenn es um Tests und Labels geht, durch die wir etwas über uns erfahren wollen, passiert oft etwas Unerwünschtes. Wenn wir in diesem Moment nicht absolut klar und mental stark sind, dann kauft unser Ego diese Identifikation und verschanzt sich damit! Denk an den Manager aus den vorherigen Kapiteln. Dann können wir alles nur noch durch diese Brille sehen und rechtfertigen grundlegend alles damit. Alles wird für uns plötzlich Sinn ergeben, denn das ist die Aufgabe unseres Gehirns! Erinnere dich immer daran. Wir werden plötzlich nicht mehr klar, sondern vernebelt in dem Label, mit dem wir eine unbewusste Identifizierung eingenommen haben.

Das Leben/Universum hat eine Lektion für mich oder testet mich: Diesen Satz werden wir am Ende des Buches noch einmal hervorholen. Ich will dich nur schon einmal darauf vorbereiten, dass du diesen Bullshit bitte niemals wieder sagen oder denken solltest. Immer wenn ich diese Aussage höre, kann ich gar nicht so viel essen, wie ich mich übergeben will. Das meine ich so straight, wie ich es sage. Es ist wie bereits bei anderen Wolkenformulierungen schlichtweg eine Abgabe der Verantwortung an eine höhere Macht, in dem Fall an das Universum. Nachdem du das letzte Kapitel dieses Buches gelesen hast, wirst du komplett anders über diese Aussage nachdenken.

Ich muss Ahnenarbeit machen / meine Ahnen heilen: Wer waren deine Urgroßeltern? Oder ihre Eltern? Kennst du ihre Namen? Wie sahen sie aus? Was waren ihre Hobbys und Vorlieben? Welche Wünsche hatten sie und wovor hatten sie Angst? War ihr Leben einfach oder schwer? Wo haben sie gelebt und in welchem Beruf haben sie gearbeitet? Schau, die meisten kennen nicht einmal die Namen ihrer Urgroßeltern oder haben andere Informationen über sie. Aber sie wollen dann »tiefe Traumata« und schreckliche Erlebnisse aus deren Leben im Heute heilen, damit angeblich negative Energien etc. bei ihnen aufhören? Wirklich? Das Einzige, was ich mit diesem Begriff unterschreiben kann, ist, wenn beispielsweise deine Ur-Großeltern ein schlechtes Moneymindset hatten, ebenso deine Großeltern, deine Eltern und somit jetzt auch du, weil es einfach immer so weitergegeben und nie hinterfragt wurde. Dass du nun beginnst, diese destruktiven Gedanken über Geld durch Bewusstwerdung zu ändern, ist großartig. Aber glaub mir, letztendlich haben deine Ahnen nichts damit zu tun. Denn ob du solch einen Gedanken von deinen Eltern aufgeschnappt hast oder von deinem Lehrer in der 2. Klasse, ist egal. Es sind deine Gedanken und wenn du deine Einstellung zu Geld änderst, ändert das nicht die Einstellung deines Lehrers oder deiner verstorbenen Verwandten! Es gibt also nichts zu heilen. Doch allein diese Formulierung zu nutzen, impliziert, dass wir wieder glauben, es seien »Verletzungen« vorhanden. Dabei hast du auch hier nichts weiter als destruktive Gedanken gebildet.

Es kommen dann immer so Gedanken: Uh, das ist echt der Todesspruch! Ich verstehe natürlich absolut und komplett, was du damit meinst, da ich es in vorherigen Kapiteln mit der Abhängigkeit des Körpers bereits erklärt hatte. Doch wenn du diesen Satz in meiner Gegenwart sagst, zieht sich in mir alles zusammen! Diese Aussage ist besonders tricky! Denn sie fühlt sich so wahr an, sodass dies einer der letzten Sätze wäre, die wir hinterfragen. Warum? Weil es sich eben so anfühlt, als »kämen einfach Gedanken«. Also noch einmal, bevor du weiterliest: Ich verstehe es voll und ganz! Doch tu dir selbst den Gefallen und benutze diese Formulierung nie wieder! Denn nicht nur, dass du durch diese Formulierung eine exzellente Ausrede für deine Unbewusstheit hast, du gibst auch noch die komplette Verantwortung über deine Gedanken ab! Natürlich kann es bei dir noch so sein, dass das Momentum der dir nicht dienlichen Gedanken so stark ist, dass es einfach noch ausrollt und diese Impulse jeden Moment der Unbewusstheit nutzen, um loszuschießen. Auch ist es möglich, dass dein Körper noch zu sehr an eine gewisse Emotion gewöhnt ist und dir ständig einen Suchtdrang nach dem nächsten gibt. Dann fühlt es sich eben so an, als ob Gedanken »einfach so kommen«. Doch ich lege dir sehr ans Herz, ab sofort nur noch zu sagen: »Dann habe ich den Gedanken gedacht …« Nehmen wir zur Veranschaulichung einen Schreiner mit seinem Werkzeug. Du bist der Schreiner und vor dir auf der Werkzeugbank liegen Hammer und Säge. Der Hammer symbolisiert deine Gedanken und die Säge deine Emotionen. Der Schreiner weiß, dass er der Schreiner ist und nicht der Hammer oder die Säge. Er nutzt beides, kann beides aber auch hinlegen und beobachten. Der Hammer und die Säge benutzen sich nicht von selbst, sondern nur durch Zutun des Schreiners.

Ich gebe dir zusätzlich noch ein Negativbeispiel, das zeigt, wie es häufig nicht dienlich formuliert wird: »Und dann habe ich meinen Mut zusammengefasst und in Social Media meine erste Story aufgenommen und gesagt, dass sie mir schreiben sollen, wenn sie mehr darüber wissen wollen. Doch jetzt hat sich den ganzen Tag noch niemand gemeldet, dann kam direkt wieder eine Unsicherheit / der Gedanke der Unsicherheit.« Das ist ein Beispiel dafür, wie wir es im Alltag verwenden könnten. Versuch, wirklich einmal ganz genau hinzuhören, wenn deine Mitmenschen über solche Ereignisse sprechen! Du wirst es dann immer und immer häufiger hören und auch direkt merken, wie destruktiv diese Art zu sprechen ist. Wenn du es aus einer verantwortungsvollen und bewussten Position heraus sagen würdest, klänge es so: »Und dann habe ich meinen Mut zusammengefasst und habe in Social Media meine erste Story aufgenommen und gesagt, dass sie mir schreiben sollen, wenn sie mehr darüber wissen wollen. Doch jetzt hat sich den ganzen Tag noch niemand gemeldet, daraufhin habe ich wieder Gedanken gedacht, durch die ich mich nun unsicher fühle.« Klingt total unsexy, ich weiß! Doch wenn du es so sagst, wird dir durch die Formulierung bewusst, dass du als **denkende Person** der ausschlaggebende Faktor bist und es dadurch einzig und allein in deiner Hand und Kontrolle liegt, ob du diese Emotion fühlst oder nicht. Durch diese Art der Formulierung trainierst du dein Bewusstsein für deine Sprache und vergrößerst somit den Raum zwischen dem Reiz und der Reaktion. Du vergrößerst damit deine mentale Freiheit!

In diesem Kapitel wurden nun sehr viele dieser Wolkenwörter und Formulierungen anders beleuchtet. Natürlich gibt es noch Dutzende mehr. Ich bin mir auch vollends darüber bewusst, dass viele von manchen Wörtern nicht ablassen wollen, da sie eine solch starke Identifikation mit ihnen eingegangen sind. Das ist absolut in Ordnung! Ich denke jedoch, dass du jetzt ein richtig gutes Feingefühl hierfür entwickelt hast. Das Problem mit all diesen Wörtern und Sätzen besteht darin, dass sie dich komplett vernebeln und eine Illusion in deiner Realität aufbauen. Das gilt vor allem für die, bei denen es darum geht, etwas aus der Vergangenheit zu heilen oder Ähnliches. Denn dies ist ein Fass ohne Boden! Erinnere dich an die Identifikationen mit dem »Struggle« selbst, den viele Menschen haben. Hast du dir erst einmal selbst die Geschichte abgekauft, dass du deine Vergangenheit heilen musst, wirst du immer und immer wieder weitere Situationen finden, in denen du dir einredest, dass diese ebenfalls Heilung benötigen, damit im Hier und Jetzt etwas passiert, nur um kurze Zeit später festzustellen, dass sich nicht wirklich etwas geändert hat. Dann gehst du wieder auf die Suche und erfindest sogar teilweise Gründe aus deiner Vergangenheit, die gar nicht stattgefunden haben. 1974 haben Elizabeth Loftus und John Palmer einige Tests durchgeführt[31], die aufgezeigt haben, wie fehlerhaft die Erinnerungen von uns Menschen sind und durch die Art manipuliert werden, wie eine Frage über die Vergangenheit gestellt wird. Das bedeutet, allein durch die Formulierung der Frage denken wir anders über die Vergangenheit nach und glauben, uns an Dinge zu erinnern, die so gar nicht passiert sind. Viele der Situationen, an die wir uns erinnern und bei denen wir fest davon überzeugt sind, dass sie so passiert sind, haben nie stattgefunden! Doch für uns sind sie real. Denn immerhin befinden sie sich in unserem Verstand, dem einzigen Ort, an dem unsere Realität entsteht.

Ich sage damit nicht, dass es nicht ganz viele Dinge gibt, die Menschen passiert sind und die ich wirklich niemandem wünsche. Doch sich in die Identifikation einer gebrochenen, kaputten und von inneren Wunden übersäten Person zu begeben, wird einzig und allein dafür sorgen, dass du immer mehr Gründe (er-)findest, die dich genau in dem bestätigen, was du glaubst. Ob es wahr ist oder nicht, ist wie immer egal! Und ich sage mit diesem Fazit nicht, dass es komplett unsinnig ist, sich über Dinge bewusst zu werden und mit dem zu arbeiten, was in der Vergangenheit passiert ist. Doch faktisch können wir nichts »in der Vergangenheit heilen«. Wir haben lediglich die Möglichkeit, im Hier und Jetzt anders darüber zu denken oder den Fokus auf ein anderes Thema zu lenken und damit ein neues Momentum aufzubauen.

Ich habe zu Beginn des Kapitels eine Warnung ausgesprochen. Es mag dir nun vielleicht auch so vorkommen wie mir damals: Ich wusste nicht mehr, was ich denken sollte. Ganz ehrlich! Als ich damals verstanden hatte, wie destruktiv meine Sprache war, weil ich sie einfach so aus der Szene übernommen hatte, war ich geschockt. Dann folgte oftmals eine gewisse Leere, wenn ich etwas ausdrücken wollte, aber noch keine neue und dienlichere Formulierung dafür hatte. Es kann gut sein, dass dies bei dir ebenfalls eintritt. Wenn wir gewohnt sind, auf eine gewisse Art über Dinge zu denken und uns plötzlich bewusst machen, dass die Worte, die wir für diese Gedanken wählen, uns alles andere als dienlich und sogar schädlich sind, versuchen wir neue Formulierungen zu finden. Doch diese sind nicht immer direkt griffbereit und zudem noch ungewohnt. Wir sind auch nicht sicher, ob wir mit der neuen Formulierung nicht doch auch dem Ego irgendwo in die Karten spielen. So erging es mir jedenfalls! Also habe ich teilweise sehr lange für einen Gedankengang gebraucht, um eine Situation zu beschreiben. Ich habe mich selbst liebevoll dazu gepusht, richtig über meine Formulierung nachzudenken, so, wie wenn ich nachdenken müsste, aus einem Escape-Room zu entkommen. Doch daraus hat sich eine immer größere Klarheit entwickelt. Denn durch die neuen Formulierungen, die ich benutzt habe, beförderte ich mich selbst in eine Position der Macht und Klarheit. Genau das Gleiche wird auch bei dir passieren, wenn du dich dazu entscheidest, dein Leben durch mentale Stärke oberhalb der Norm zu leben. Faszinierend an dieser ganzen Sache ist, dass du keinen zusätzlichen Aufwand dafür betreiben musst. Eine der »größten Aufgaben« wird darin bestehen, die Worte, die du zur Erschaffung deiner Realität nutzt, immer konstruktiver und dir dienlicher zu wählen. Allein dadurch wirst du dir einen enormen Vorteil gegenüber anderen aufbauen, die mit ihrer Sprache nichts als destruktiv sich selbst gegenüber sind. Auch wenn sich vielleicht faktisch nicht direkt viel in deinem Leben verändert, wirst du sehr schnell merken, wie sich mehr Ruhe, Klarheit und ein Gefühl von selbstbewusster Stärke in dir breitmachen. Dadurch wirst du anders auf

Situationen reagieren, resilienter werden und mehr Ressourcen haben, um das aufzubauen und zu erreichen, was du wirklich willst.

Genau darum wird es nun im nächsten Kapitel gehen, nämlich, wie du deine Ziele durch mentale Stärke erreichst! Wenn du nun denkst: »Okay, das war schon ein unfassbar guter und umfassender Einblick in die Welt der destruktiven Formulierungen, aber ich will gern noch mehr!«, dann geh einfach wieder an den Anfang des Buches, scanne den QR-Code am Ende der Einleitung per Handy ein und sichere dir deinen Zugang zu einem exklusiven Videotraining zum Buch.

KAPITEL 12

MENTALE STÄRKE MACHT DEINE ZIELE MIT LEICHTIGKEIT ERREICHBAR

In den bisherigen Kapiteln haben wir uns sehr stark damit beschäftigt, wie wir unseren Verstand nicht mehr gegen uns verwenden, die Kontrolle über unsere Realität zurückerlangen und lernen, sie so zu gestalten, dass sie nicht destruktiv wirkt. Dies dient dem Zweck, dass sie uns nicht weiter an einem Ort »hält«, an dem wir gar nicht sein wollen. Jetzt stellt sich natürlich auch die Frage, was es zu beachten gilt, wenn wir uns nicht mehr um das kümmern müssen, was uns aufhält, und uns stattdessen damit beschäftigen können, was es uns bringen kann. Als Erstes sei gesagt, dass du sowieso erst einmal mit einem Glücksgefühlcocktail überschwemmt wirst, wenn du die bisherigen Inhalte aus diesem Buch erfolgreich anwendest, da sich bereits so viel in deinem Leben verändern wird.

Wenn wir es einmal genau betrachten, wollen die meisten Menschen ihre Ziele nur aus dem einen Grund erreichen: Weil sie sich dadurch nicht mehr in dem momentanen Umstand befinden und glauben, sich dann besser zu fühlen. Doch wenn du in deinem Verstand, also dem Ort, an dem deine Realität entsteht, absolut klar bist, dann ergibt sich eine komplett neue Ausgangssituation: Du musst deine Ziele nicht mehr aus einem Mangel heraus erreichen, um dich aus einer Situation »zu befreien«. Deine mentale Stärke sorgt dafür, dass du gar nicht erst in diesen Situationen »gefangen« bist, da du deine Gedanken unter Kontrolle hast. Stattdessen kannst du ab diesem Zeitpunkt deine Ziele verfolgen, weil du es einfach willst und Lust darauf hast.

Ja, ich weiß! Es klingt fast schon verrückt in der heutigen Zeit: seinen Zielen nachzugehen, weil man einfach Lust darauf hat, nicht, weil irgendeine superdramatische Geschichte dahintersteht!

In meinem Buch (»Your Answer. Eine Geschichte über die Magie des Lebens«) bekommt der Hauptcharakter Alex ebenfalls immer wieder folgende Frage zu hören: »Was ist es, was du wirklich willst?«[32] Diese Frage ist nicht einfach willkürlich gewählt, sie gehört zu den essenziellsten Fragen, die du dir regelmäßig stellen solltest. Zu wählen, was wir »einfach so« erreichen wollen, fühlt sich beinahe befremdlich an. Denn wir hören ständig, wie ein tiefer »Purpose« damit verknüpft sein muss, um etwas Großes zu erschaffen. Wenn ich auf Events bin, bei denen viele Speaker auf der Bühne stehen, erlebe ich es im Dauerfeuer. Fast alle erzählen irgendeine hochdramatische Geschichte, warum sie das tun, was sie nun mal tun. Natürlich kann man sich in all den dramatischen Geschichten irgendeinen tiefen Sinn zusammenreimen. In manchen Fällen ist es sehr sinnvoll, in genau diesem Bereich andere Menschen zu coachen oder darüber zu sprechen. Doch ich finde, gerade in dieser Szene ist das Verlangen nach einem tiefen Sinn hinter jeder einzelnen Handlung fast schon zum Zwang geworden. Seit wann ist es nicht mehr schön, Dinge einfach nur zu wollen, weil wir Freude dabei verspüren? Klar, meist entwickeln wir

Vorlieben und Tendenzen aufgrund von Dingen, die wir erfahren haben. Doch es geht um die grundlegende Geisteshaltung dahinter.

Deswegen stelle ich dir als Allererstes die große Frage, die du dir wirklich selbst zu 100 Prozent ehrlich beantworten darfst: Aus welchem Grund willst du deine Ziele erreichen? Gehörst du zu denen, die ihre Ziele noch mit allerlei Geschichten rechtfertigen? Oder erlaubst du dir, das, was du tust, einfach zu tun, weil du Freude dabei empfindest? Wenn es dann noch einen sinnvollen Hintergrund gibt – umso besser.

Wenn ich beispielsweise auf der Bühne stehe und eine Keynote halte, dann erzähle ich meist in den ersten Minuten, dass jetzt normalerweise eine tief emotionale Geschichte folgen müsste, mit der ich auf dramatischste Art erkläre, warum ich das tue, was ich nun mal tue. Doch diesen Grund gibt es nicht! Ich mache es einfach, weil ich unfassbar viel Freude dabei empfinde, das ist alles. Wenn wir uns länger darüber unterhalten würden, dann würde ich dir erklären, dass ich persönlich einfach glaube, dass es mehr Menschen wie dich und mich geben sollte. Menschen, die mental stark sind, die ihr Ding machen, glücklich sind, ein eigenes Business aufbauen, die vorangehen und für andere Menschen ein Licht der Hoffnung sind. Es sind Menschen, die ein Vorbild für all jene sind, die sich selbst und ihr Leben schon aufgegeben haben. Denn ich bin davon überzeugt, dass die Gesellschaft sich nur hierdurch langfristig verändern kann. Doch das ist die logische Konsequenz meines Handelns, weil ich seit Jahren dem nachgehe, was mir einfach Freude bereitet. Meiner Meinung nach würde der größte Unterschied in der Gesellschaft entstehen, wenn mehr Menschen ihre Realität durch mentale Stärke bewusst kontrollieren könnten.

Das bedeutet abschließend für die Einleitung dieses Kapitels: Werde dir vollkommen darüber bewusst, ob du das, was du erreichen möchtest, einfach willst, weil du Freude auf dem Weg dahin empfindest oder ob du für dich eine Rechtfertigung durch eine »höhere Mission« brauchst, um dir selbst eine Erlaubnis für dein Handeln zu geben. Oder gehörst du sogar zu denen, die gar nicht ihr Ziel, sondern das ihres Egos verfolgen, weil es eine weitere Identifikation mit sich bringt? Die Motive hinter unserem Handeln können unfassbar vielschichtig und komplex sein! Doch im Grunde können wir festhalten, dass hinter jeder einzelnen Handlung ein bestimmter grundlegender Glaube steht, egal was du machst. Ob du nun dieses Buch liest, zur Toilette gehst, dich auf einen One-Night-Stand einlässt oder abends häkelst – wir glauben bei jeder Handlung, dass wir uns danach besser fühlen als vorher.

Manchmal erfolgt das in einer direkten Weise, weil sich etwas physisch verändert hat – wie wenn du z. B. etwas trinkst und dadurch dein Durst gestillt ist. Oder weil du dir selbst deine eigene Realität bestätigst. Wie wenn du dir beispielsweise versprochen hast, dich nicht mehr auf One-Night-Stands einzulassen, weil du eine Beziehung voller Liebe willst, aber insgeheim Gedanken denkst, dass du Liebe nicht verdient hättest. Somit begibst du dich doch immer wieder in diese nächtlichen Spielereien, um dich darin zu bestätigen, dass du nicht wertvoll genug seist, um in einer Beziehung geliebt zu werden. Das ist jetzt natürlich lediglich ein Beispiel und keine Bewertung, dass One-Night-Stands genau das über dich aussagen. Wir dürfen uns darüber bewusst werden, dass im Grunde nichts eine wirkliche Bedeutung in sich hat, sondern wir jeder Sache Bedeutung geben. In dieser Bedeutung beabsichtigen wir immer, dass wir uns eben nachher etwas besser fühlen als vorher, selbst wenn unser Blick dabei nicht in Richtung »besser«, sondern in Richtung »weniger schlecht« geht. Denn auch wenn »weniger schlecht« immer noch den Hauptfokus auf »schlecht« legt, fühlt sich »weniger schlecht« besser als »schlecht« an.

Damit wir unsere Ziele richtig verstehen, müssen wir uns den Part über unsere Sprache ebenfalls genau anschauen. Viele Menschen würden unterschreiben, dass Worte machtvoll sind: Sie können Menschen zusammenbringen oder Kriege entfesseln. Worte können Menschen in den Abgrund befördern oder sie zum Himmel emporheben. Schön, diese überdramatischen Formulierungen, oder?

Ich verstehe vollkommen, was mit diesen Aussagen gemeint ist – und auch, warum die meisten Menschen denken, dass Worte deswegen diese Macht haben.

Doch was ist faktisch ein Wort? Es ist die Übertragung eines Gedankens von Mensch zu Mensch, teilweise sogar zu Tieren. Im Zen-Buddhismus gibt es eine simple Lehre, die es sehr gut ausdrückt: »Der Finger, der zum Mond zeigt, ist nicht der Mond.«[33] Das bedeutet, Worte an sich sind nichts weiter als leere Hüllen, die durch die Person in ihrer eigenen Realität gefüllt werden. Wenn ich z. B. »Swimmingpool« sage, kann es sein, dass diese leere Hülle des Wortes von dir mit dem Bild eines rechteckigen Standard-Pools gefüllt wird. Beim anderen kann es sein, dass er eher rund ist. Bei wieder einem anderen ist es ein Infinity-Pool. Vielleicht denkst du an eine Abkühlung im Sommer oder an die Möglichkeit, im Januar zum Eisbaden zu gehen. Das Wort, also der Finger aus der Metapher, ist nicht das, was es zu sein vorgibt, sondern nichts weiter als ein Hinweisschild. Es fungiert als Wegweiser zu etwas hin, aber niemals als die Sache selbst. Mein Lieblingsphilosoph Alan Watts hat es einmal in einem seiner unzähligen Vorträge folgendermaßen gesagt: »You can't get wet from the word water.«[34] Das bedeutet auf Deutsch: »Du kannst nicht von dem Wort ›Wasser‹ nass werden.« Worte tun nichts, sie deuten immer nur auf etwas hin. Das behalten wir ganz genau im Hinterkopf, wenn wir jetzt über unsere Ziele nachdenken. Denn die Worte, mit denen du dein Ziel beschreibst, sind demnach nicht das Ziel, sondern lediglich eine leere Hülle, die darauf hindeutet.

Eine der häufigsten Fragen, die ich zu hören bekomme, lautet: »Wie erreichen wir, dass wir an uns glauben, wenn wir uns Ziele setzen?« Dazu dürfen wir uns bewusst machen, dass der Glaube an dich oder auch die Zweifel an dir nicht echt sind! Beides sind nichts weiter als Gedanken. Winzige elektrisch-biochemische Impulse im Kopf und Körper, nicht mehr und nicht weniger.

Denn noch einmal: Nur weil du etwas denkst oder fühlst, bedeutet es nicht, dass es wahr ist. Es bedeutet nur, dass du etwas denkst und fühlst. Wenn du also an dir zweifelst, dann nicht, weil es wahr ist, sondern nur, weil du momentan diese Gedanken des Zweifelns denkst. Wenn du an dich glaubst, dann nicht, weil es wahr ist, sondern einfach nur, weil du die Gedanken des Zuspruchs dir selbst gegenüber denkst. Beides wird von dir zu 100 Prozent selbst erschaffen. Doch wie können wir es uns noch einfacher machen, uns diesen Zuspruch zu geben und die damit verbundene Emotion zu fühlen?

Das schaffen wir, indem wir eine Sache werden: integer! Integrität ist heutzutage eine der wichtigsten und seltensten Eigenschaften in der Gesellschaft. Warum? Weil die meisten in ihrer Unbewusstheit und der Regentschaft des Egos ihre Integrität irgendwo in der Abstellkammer ins Regal zu den eingelegten Pflaumen gestellt haben.

Ab wann erlauben sich die meisten Menschen, sich selbst gut zuzusprechen? Wenn sie davon überzeugt sind, dass dieser Zuspruch gerechtfertigt ist. Und ab wann ist er gerechtfertigt? Wenn wir das Gefühl von Wert bzw. »wertvoll sein« mit uns verknüpfen. Kleiner Disclaimer vorab:

Dein Wert als Mensch ist unantastbar! Dieser Wert stand nie zur Debatte und kann zu keinem Zeitpunkt weniger als vollkommen sein. Dein wirtschaftlicher oder gesellschaftlicher Wert darf allerdings unter Beweis gestellt werden. Das bedeutet: Erst wenn wir unseren wirtschaftlichen oder gesellschaftlichen Wert aufbauen und erkennen, erlauben wir uns, leichter an uns zu glauben. Auch wenn es dir damit so vorkommt, als ob sich dabei die Katze selbst in den Schwanz beißt, denn man hört z. B. auch immer wieder: »Ich hätte gern eine Million Euro, dann wäre ich glücklich.« Faktisch ist es jedoch so, dass eine Person es auch mit einer Million Euro nicht schaffen wird, glücklich zu sein, wenn sie es vorher nicht aus einer mentalen Stärke heraus geschafft hat. Das Geld wird lediglich dabei helfen, die Dinge zu verschleiern, die im Außen angeblich für das »nicht glücklich sein« verantwortlich sind. Doch der nicht dienliche Habitus würde sich auch bei all dem Geld genauso durchziehen.

Natürlich kann man jetzt auch sagen: »Ja, Jens, aber wenn ich erst einmal einen wirtschaftlichen Wert erschaffen habe, dann würde ich mehr an mich glauben können.« Doch wie du bereits an dieser Stelle annimmst, ist das nicht die Reihenfolge, in der es normalerweise abläuft. Ausnahmen bestätigen natürlich auch hier die Regel. Das bedeutet, dass wir uns zuerst den Zuspruch geben dürfen und an uns glauben müssen, um dann damit den Aufschwung zu bekommen und unseren wirtschaftlichen und gesellschaftlichen Wert so richtig aufzubauen. An dieser Stelle kommt dann der Begriff ins Spiel, den ich eben genannt habe: Integrität! Je mehr Integrität wir als Menschen haben, desto mehr beweisen wir uns selbst, was wir tun können, und desto mehr »Glauben« entwickeln wir uns selbst gegenüber.

Was bedeutet das in der Praxis? Eine der größten Eigenschaften von mental schwachen Menschen ist es, das eigene Wort zu brechen. Eine der größten Eigenschaften von mental starken Menschen ist es, das eigene Wort zu halten. Wenn du beispielsweise sagst, dass du mehr Selbstbewusstsein erlangen willst, dann bringt es nicht ganz so viel, dir stundenlang in den Spiegel zu sagen, dass du der Tollste bist, wenn du es nicht einmal fühlst. Es gelingt, indem du damit beginnst, dein Wort zu halten. Das fängt bereits in vielen täglichen Kleinigkeiten an. Wenn du beispielsweise deiner Partnerin oder deinem Partner sagst, dass du gleich um 14:00 Uhr den Müll herausbringst, dann bringst du gefälligst bis spätestens um 14:00 Uhr den Müll raus. Egal was du gerade tust: Wenn es 14:00 Uhr ist, lässt du es liegen und bringst den Müll raus! Steh zu deinem Wort! Wenn du im Vorfeld nicht sicher bist, ob du es halten kannst, dann gib nicht dein Wort her, nur um in dem Augenblick wie eine Zecke Applaus und Zuspruch zu ziehen oder einem möglichen Konflikt aus dem Weg zu gehen. Sei ein Mensch, bei dem andere und besonders du selbst darauf vertrauen können, dass es auch so passieren wird, wenn er etwas zusagt! Das ist gelebtes Selbstvertrauen und das bedeutet es, integer zu sein. Wenn du dieses Vertrauen von anderen Menschen erhältst, dann hast du damit einen gesellschaftlichen Wert und wenn du im Rahmen deiner Arbeit oder mit deinem eigenen Business unterwegs bist, erschaffst du allein mit dieser Eigenschaft einen wirtschaftlichen Wert, auf den andere bauen können.

Geh einmal in Gedanken Folgendes durch und nimm dir 20 Sekunden Zeit, bevor du weiterliest: Welche Menschen kennst du, auf die du immer vertrauen kannst, weil du weißt, dass sie ihr Wort halten? Und los!

Ok, hast du alle aufgezählt? Dann wäre es jetzt ein guter Zeitpunkt, dich noch einmal bei diesen Menschen zu melden und einfach Danke zu sagen.

Jetzt noch meine zusätzliche Frage an dich: Hast du bei den Menschen, denen du vertrauen kannst, auch dich selbst genannt? Wenn nicht, dann darfst du für dich an dieser

Stelle einmal reflektieren, warum nicht. Wenn du so etwas sagst wie: »Ich habe mich einfach vergessen, ich habe nur an andere gedacht«, dann muss ich dich etwas schräg von der Seite mit hochgezogener Augenbraue anschauen und fragen: »Warum bist du selbst nicht der Mensch, den du am meisten mit ›Vertrauen‹ verbindest, sodass du dir selbst nicht direkt in den Sinn kommst?« Denn Fakt ist, wenn du Ziele hast, die es zu erreichen gilt, dann ist das Vertrauen in dich die Grundvoraussetzung dafür. Wenn du dieses Vertrauen nicht eigenständig aufrechterhalten kannst, dann bedeutet das im Umkehrschluss, dass du gerade noch mehr denkst, dass du es nicht schaffen wirst – und wahrscheinlich bei der Sache einfach mitspielst, um deinen Freunden danach dramatisch erzählen zu können, warum es nicht geklappt hat. Sehr beliebt ist hier die Ausrede: »Es hat einfach nicht sein sollen.«

Deine Aufgabe, die ab jetzt bis zum letzten Tag gilt, ist die folgende: Gib dein Wort für etwas nur noch bewusst! Und wenn du es gibst, dann halte es! Es ist eine ganz simple Aufgabe. Ich verspreche dir, je bewusster du diese tagtäglich erfüllst, umso schneller wird sich eine Veränderung in deinem Leben erkennbar machen und umso schneller wirst du auch Menschen in deinem Umfeld erkennen, die du wirklich um dich haben willst, weil sie ein Match zu deiner Version eines Menschen mit hohem Selbstvertrauen sind. An dieser Stelle noch der Hinweis, dass du dich wahrscheinlich darauf trainiert hast, Ausreden gut rechtfertigen zu können, wenn du dich bis jetzt noch nicht darin trainiert hast, integer zu sein. Das bedeutet, dass es gut sein kann, dass dir dein Ego immer wieder einreden will, dass Ausreden **okay** sind, wenn du jetzt beginnst, den Weg der mentalen Stärke zu gehen. Es wird sich wahrscheinlich auch normal für dich anfühlen, denn das Momentum und das Training hinter diesen destruktiven Gedanken sind nicht zu unterschätzen, besonders wenn es bereits über Jahre trainiert wurde.

Ein weiterer Begriff, der für deine Zielerreichung unerlässlich ist, lautet »Disziplin«. Es ist das nächste K.-o.-Wort der meisten Menschen, denn Disziplin ist für viele etwas Schweres. Dieser Begriff ist etwas, den wir stets von denen hören, die eine Sache mit ganz viel Kampf und Anstrengung aufgebaut haben. Dass er den dahinterstehenden Stolz symbolisiert, ist nicht zu verachten. Doch was ist Disziplin eigentlich und wie kannst du mit Leichtigkeit diszipliniert werden?

Lass uns zuerst sagen, was Disziplin **nicht** ist. Sie ist nichts, was schwer oder hart ist! Denn Disziplin ist in erster Linie nichts weiter als die Geisteshaltung hinter einem bestimmten kontinuierlichen Handeln. Zusätzlich kommt es bei Disziplin komplett darauf an, von welcher Seite aus du dieses Handeln betrachtest. Nehmen wir das Beispiel »Zigaretten rauchen«. Ich persönlich rauche nicht. Jetzt können wir aber sagen, dass ich entweder ein sehr disziplinierter Nichtraucher bin oder eben ein undisziplinierter Raucher. Ich persönlich liebe Fitness. Wir können also behaupten, dass ich ein disziplinierter Sportler bin oder ein undisziplinierter Sportmuffel.

Doch warum sagen alle, dass Disziplin schwer aufzubauen ist, wenn es z. B. darum geht, spätestens jeden zweiten Tag Sport zu machen? Warum fällt es vielen so schwer, in diesem Bereich eine Disziplin aufzubauen? Ist es schwer, seine Sporttasche zu packen? Ins Auto zu steigen? Sich im Fitnessstudio umzuziehen? Nein, nichts davon! Ist es schwer, die Gewichte zu bewegen? Körperlich ja! Mental faktisch nicht, sondern nur, wenn du dich dazu entscheidest! Wir hatten dieses Thema bereits vorher im Buch: Es ging um den Weg des geringsten Widerstands und darum, dass Muskeln nur unter großem Widerstand wachsen. Dass es körperlich anstrengend ist, hat nichts mit deiner Geisteshaltung zu tun. Das Maß an körperlicher Anstrengung kann im Grunde bis ins Unermessliche gehen. Deinen mentalen

Widerstand kannst du von einem auf den nächsten Moment komplett eliminieren.

Zusätzlich dürfen wir uns den folgenden Punkt bewusst machen: Wenn du dir etwas aufbauen oder erreichen willst, dann geht dies selten mit einer einmaligen Handlung. Es benötigt Kontinuität, um Abenteuer zu erleben, ein Business aufzubauen, eine erfüllende Beziehung zu führen, körperlich fitter zu werden und vieles mehr. Deswegen zurück zur Ausgangsfrage: Warum ist es für viele Menschen so »schwer«, diszipliniert zu sein? Weil sie mental schwach sind! So unspektakulär die Antwort klingt, so wahr ist sie. Disziplin ist nichts weiter als eine Geisteshaltung und deine Geisteshaltung ist im Grunde nichts weiter als eine Ansammlung von Gedanken, die du fokussiert aufrechterhältst. Wenn wir es nicht schaffen, bestimmte Gedanken aufrechtzuerhalten, dann driften wir ins Unbewusste ab. Gedanken des Widerstands aus der Regentschaft des Egos übernehmen das Ruder. Wenn jemand beispielsweise ein Business aufbauen will, dann genügt es nicht, wenn der einmalige Gedanke dazu gedacht wurde. Ein Business erfolgreich aufzubauen, wird grundlegend im Verstand entschieden! Die meisten haben hier jedoch solch eine Palette an destruktiven Gedanken und Widerständen, die sie im unbewussten Zustand immer weiterdenken, dass sie es leider nicht schaffen. Aus diesem Grund lege ich in meinem Business-Mentoring enorm viel Fokus auf genau diesen Aspekt, damit das Marketing, das wir erarbeiten, auf ein stabiles Fundament trifft und richtig wirken kann.

Oder nehmen wir das Beispiel einer Person, die gern fitter werden und 15 kg abnehmen will. Ob diese Person sich an den Ernährungsplan hält und drei bis vier Mal die Woche zum Sport geht, liegt an nichts anderem als an den Gedanken dieser Person zum Sport an sich. Denn noch einmal: Bis auf die Tatsache, dass du Gewichte bewegst, was körperlich anstrengend ist, ist ansonsten nichts wahrhaftig

Anstrengendes dabei. Diese Person kann es sich lediglich in ihrer eigenen Realität schwer machen, indem sie Gedanken des Widerstands aufrechterhält, nicht mehr und nicht weniger. Disziplin ist also nicht schwer, sondern nur eine Ansammlung an trainierten Gedanken.

Auf YouTube gibt es einen TED Talk von Dan Lok[35] von vor einigen Jahren. In diesem Talk erzählt er davon, warum Raucher x-mal am Tag rauchen und Läufer morgens um sechs Uhr aufstehen, um eine Stunde vor der Arbeit zu laufen. Der Grund dahinter ist simpel: Raucher rauchen, weil sie in ihrem Selbstbild Raucher sind. Läufer laufen, weil sie in ihrem Selbstbild Läufer sind. Und was ist ein Selbstbild? Es ist nichts weiter als eine bewusste Auswahl an Gedanken, die wir fokussiert über uns selbst immer wieder denken. Das bedeutet: Braucht es für einen Raucher wirklich Disziplin, 20 Zigaretten am Tag zu rauchen? Nein, es ist für ihn vollkommen normal! Benötigt ein Marathonläufer Disziplin, um sich die Schuhe anzuziehen und zu laufen? Nein, es ist für ihn ebenfalls vollkommen normal – auch wenn hier noch mehr Faktoren hineinspielen als beim Rauchen, z. B. Wetterverhältnisse und dass diese Person dafür viel mehr Zeit einplanen muss. Benötige ich Disziplin, um viel mehr am Tag zu arbeiten als die meisten, um idealen Support für meine Kunden zu ermöglichen? Nein, denn es ist für mich vollkommen normal. Dies ist die Essenz: Meine Gedanken über mich selbst ergeben meine Kontinuität und Disziplin als logische Konsequenz.

Und um es noch einmal in den Kontext zu setzen: Der einzige Grund, warum Menschen nicht diszipliniert sind, besteht darin, dass die Geschichte, die sie über sich erzählen, als logische Konsequenz einen anderen Ausgang erschafft. Das ist dementsprechend meist ein Ausgang, der voll mit Widerstand gegenüber der anderen Handlung ist, die zum erstrebten Ziel führen würde. Doch ob diszipliniert oder nicht, in beiden Fällen ist es nichts weiter als ein Gedanke bzw. eine Ansammlung an Gedanken.

Ich hoffe, mit dieser Veranschaulichung wird dir erneut klar, wie du deine eigene Realität erschaffst und auch, welche Ergebnisse sich daraus als logische Konsequenz ergeben. Es zeigt, dass deine Gedanken der fundamentale und ausschlaggebende Grund sind, warum du deine Ziele erreichst oder nicht. Denn es ist der einzige Ort, an dem du deine Realität erschaffst und der Ausgang entschieden werden kann! Oft höre ich an dieser Stelle jemanden etwas sagen wie: »Ja, Jens … wenn es so einfach ist, warum läufst du dann nicht Marathons?« Naja, weil ich keine Marathons laufen will! Zumindest im Moment nicht. Das ist der fundamentale Punkt, an den uns mentale Stärke bringt. Auch wenn es ein sehr simples Beispiel darstellt, ist mentale Stärke der Schlüssel, um aus einer freien Position heraus entscheiden zu können und gleichzeitig zu wissen, dass ich es auch einfach machen könnte, wenn ich mich dazu entscheiden würde. Denn ich habe keinen mentalen Widerstand zu etwas, zu dem ich mich entscheide und mein Wort gebe. Nichts ist wirklich schwer zu erreichen, wenn deine mentale Stärke trainiert ist und du nicht im ständigen Widerstand zu dem stehst, was sich dir in dem Moment darbietet. Manche Dinge sind einfach für uns wertvoller, weil sie mehr von unserer Energie über einen längeren Zeitraum benötigen.

Nachdem wir jetzt geklärt haben, was du brauchst, um deine Ziele zu erreichen, lass uns zurück zur ersten Frage dieses Kapitels springen: Warum eigentlich überhaupt Ziele erreichen? Natürlich, weil wir in erster Linie glauben, dass wir danach glücklicher sind als vorher. Das hatten wir bereits geklärt. Doch ich muss dich an dieser Stelle noch etwas fragen: Hast du schon einmal Ziele in deinem Leben erreicht, bei denen du dachtest, dass sie dich wirklich glücklich machen würden? Wie lange hat dieses Glück angehalten? Natürlich gibt es hier solche und solche und ein Schwarz-Weiß-Denken wäre einfach nur dumm, um Jenny auf deiner Schulter eine direkte Antwort zu geben. Doch wie sehr hast du schon einmal der Erreichung eines Ziels entgegengefiebert, nur um kurz nach der Erreichung festzustellen, dass der emotionale Effekt gar nicht so riesig war? Ich nehme einmal einen der klassischsten Sprüche der Menschen: »Geld macht nicht glücklich!« Bei diesem Satz zieht sich alles in mir zusammen. Ganz ehrlich! Denn es ist nicht nur so, dass das Geld nie behauptet hat, glücklich zu machen, und es somit gar keinen Sinn ergibt, die beiden Dinge in einen Zusammenhang zu stellen. Geld direkt kann auch nicht glücklich machen! Wie auch? Es sind digitale Zahlen auf dem Konto, Scheine im Portemonnaie oder kleine Goldbarren im Safe daheim. Geld verschafft dir Möglichkeiten, was viele mit Glück verbinden und was man als eine Form der Freiheit betiteln kann.

Dazu löst Geld schlichtweg Probleme. Im Business löst es zehn von zehn Problemen und im privaten Sektor neun von zehn. Ich persönlich liebe Geld und erschaffe mir auch immer mehr davon! Viel Geld zu haben ist einfach unfassbar gut! Es gibt den bekannten Satz: »Geld macht nicht glücklich, aber ich weine lieber in einem Porsche als auf einem Fahrrad.« Dem stimme ich auch vollkommen zu. Denn wenn es uns einmal nicht so gut geht, kann Geld uns Türen öffnen, dies auf unkomplizierte Weise wieder zu richten, wenn wir es gerade selbst nicht schaffen. Bist du beispielsweise kurz vor einer Scheidung, kann dir Geld einen unglaublich guten Paartherapeuten oder Beziehungscoach ermöglichen, der mit euch gemeinsam eure Ehe rettet.

Doch erkenne bitte, dass diese beiden Dinge, also Geld und Glück, zwar oft ein Zusammenspiel aufweisen, rein faktisch aber nicht zusammengehören. Nur weil wir Möglichkeiten haben oder einfacher Probleme lösen, bedeutet es kausal nicht, dass wir glücklicher sind! Glücklich zu sein ist selbst gemacht. Und zwar einzig und allein in deinem Verstand! Wenn es im Außen mit viel Geld noch angenehmer wird, dann ist das cool, aber nicht notwendig. Nehmen wir als Beispiel Millionäre, die trotz ihres vielen Geldes einen Selbstmord in Erwägung ziehen oder bereits begangen haben. Grundlegend können wir also festhalten, dass ein Gefühl des Glücks, das aufgrund von äußeren Faktoren entsteht, immer sehr flüchtig und abhängig ist. Sprich, wenn das im Außen, auf dessen Basis du dieses Glücksgefühl in dir erschaffst, wieder verschwindet oder zur Normalität geworden ist, dann ist auch plötzlich dieses Hochgefühl weg. Solltest du dich jetzt darauf hintrainieren, dass du dieses Glücksgefühl nur hast, wenn du etwas im Außen erreichst, dann begibst du dich in die nächste Illusion der Abhängigkeit.

Was ist also der Schlüssel? Du ahnst es bestimmt, oder? Es ist mentale Stärke! Denn wenn du mental stark bist, schaffst du es, deine Gedanken immer und immer bewusster zu wählen und kannst somit für dich entscheiden, auf einer sehr kontinuierlichen Basis glücklich zu sein.

Ich wünsche mir für dich, dass du Unmengen an Geld verdienst und gleichzeitig unabhängig davon dein Leben voller Glück leben kannst, indem du die Kontrolle über deine Gedanken erlangst. Hier erneut der Reminder: Fast alles, was du dir ausdenkst, ist lediglich eine Illusion deiner eigenen selbst gemachten Realität mit Bewertungen und dem Glauben an die Richtigkeit, unabhängig davon, ob es stimmt oder nicht. Um jedoch das ganze Konzept des Glücklichseins vollends zu verstehen, müssen wir noch eine Stufe tiefer in den Kaninchenbau. Auch wenn es in den nächsten Seiten etwas »abgespaced« wirkt, bleib offen und stell dir erneut die folgende Frage, da du ja auch weiterhin die »Was-wäre-wenn-Brille« trägst: »Was wäre, wenn das wirklich stimmen würde und so leicht wäre?«

Welche drei Hauptzeitformen gibt es? Vergangenheit, Gegenwart und Zukunft. Doch wenn man es genau nehmen will, ist diese bekannte Definition grundlegend falsch. Dass Zeit an sich eine Illusion ist und dies durch Einstein bereits wissenschaftlich bewiesen wurde, lass ich hier einmal komplett außen vor. Doch in der Art, wie wir Zeitformen benutzen, gibt es nur zwei, nämlich Vergangenheit und Zukunft. Denn die Gegenwart ist keine Zeitform, sondern der ewige jetzige Moment. Was bedeutet das für uns und unser Glück?

Wir müssen verstehen, dass es faktisch nur das Hier und Jetzt gibt. Sonst nichts! Die Vergangenheit und Zukunft sind nicht real. Sie sind lediglich elektrisch-biochemische Impulse in deinem Gehirn. Auch wenn sich z. B. Erinnerungen oft echt anfühlen, dann passiert dies nur, weil du sie im jetzigen Moment mit deiner schöpferischen Geisteskraft erneut »zum Leben erweckst«. Ähnlich wie Frankenstein sein Monster, erwecken wir ebenfalls »Millionen Monster« aus der Vergangenheit oder Zukunft im Hier und Jetzt zum Leben.

Doch es wird noch wilder – schnall dich an! Denn immer, wenn wir denken, können wir nur über die Vergangenheit oder Zukunft nachdenken. Das Denken ist ein Vorgang im Gehirn, der mit eingespeicherten Informationen funktioniert. Das bedeutet, wir können nicht über den jetzigen Moment nachdenken, sondern nur über Vergangenheit oder Zukunft. Selbst wenn du glaubst, über den jetzigen Moment nachzudenken, denkst du tatsächlich über die Vergangenheit nach, die sich vor ein paar Sekunden ereignet hat. Den jetzigen Moment können wir lediglich wahrnehmen. In einem Moment der absoluten Stille findest du hier den kompletten Zugang. Wenn dich dieses Thema mehr interessiert, empfehle ich dir sehr, die Bücher von Eckhart Tolle[36] zu lesen. Denn was passiert, wenn wir einmal nicht denken, sondern nur den jetzigen Moment wahrnehmen?

Wir empfinden pures Glück, da wir die Dinge in diesem Augenblick so sehen können, wie sie sind, ohne Label oder irreführende und bewertende Gedanken oder verzerrte selbst erschaffene Realität. Wenn wir es also schaffen, uns dahin zu trainieren, weg vom zwanghaften Denken hin zum Wahrnehmen des jetzigen Augenblicks zu gelangen, dann können wir Glück empfinden, egal was wir machen! Wir haben also Glück als ständige Grundlage im jetzigen Moment bei uns, unabhängig davon, ob wir unsere Ziele im Außen bereits erreicht haben oder nicht. Deswegen ist auch nicht unbedingt das, WAS wir tun, entscheidend für unser Glück, sondern vielmehr, WIE wir es tun. Tun wir es mit unseren Gedanken zu destruktiven Ausgängen hin und malen uns aus, was alles schiefgehen kann? Fliehen wir in unseren Gedanken den ganzen Tag über in die Vergangenheit und Zukunft und wundern uns am Ende des Tages, dass schon wieder Nacht ist? Oder tun wir es mit einer grundlegenden Präsenz und der reinen Wahrnehmung? Das klingt selbstverständlich auch sehr leicht dahergesagt und ist in der Praxis lediglich mit kontinuierlichem Training möglich. Doch sei gewiss, dass du genauso, wie du deine Unbewusstheit trainieren, auch deine Bewusstheit im Tun trainieren kannst.

Einige sagen an dieser Stelle meist so was wie: »Ja, Jens ... Aber wenn man dann dauerhaft glücklich ist, dann werde ich doch faul und nicht diszipliniert! Das ist doch dann auch nicht das Ziel.« Da gebe ich dir absolut recht, dass faul zu werden nicht das Ziel ist! Doch hier liegt eine grundlegende Fehlinterpretation vor. Wenn du mentale Stärke trainierst und Bewusstheit sehr häufig im Alltag aufrechterhalten kannst, erkennst du, wie du deine Ziele aus einer Freiheit heraus WOLLEN kannst, ohne den Zwang zu haben, etwas Bestimmtes damit zu erreichen. Es passiert einfach, weil du Freude dabei empfindest. Dabei hast du dich gleichzeitig aus den Fängen des Egos befreit, das dich immer in eine Wenn-dann-Abhängigkeit mit dem Glück setzen will. Du hast dann nicht mehr das Bedürfnis, deine Ziele mit deinem persönlichen Wert zu koppeln und dir einzureden, dass das Jetzt unvollkommen ist und nur besser wird, wenn dies oder jenes erreicht ist. Das alles sind mentale Konstrukte und selbst erschaffene Boxen. Nein! Du findest ein Ziel, das du aus dir heraus erreichen willst. Du überlegst dir, wie viel Aufwand nötig ist, gibst dir selbst dein Wort und tust es dann ohne mentalen Widerstand, wodurch du Freude und Leichtigkeit auf dem Weg empfindest. Das machst du nicht nur einmal, sondern kontinuierlich und demnach auch diszipliniert. Du rennst nicht durch Wände, sondern nimmst die Tür. Du hast die Fähigkeit erlangt, Ziele unabhängig von ihrer Größe mit wahrer Leichtigkeit zu erreichen. Deine mentale Stärke sorgt dafür, dass du auf dem Weg klar bleibst und die Fakten siehst, deine Geschichten erkennst und dir darüber bewusst bist, dass deine Gedanken nur Gedanken und deine Emotionen nur Emotionen sind, aber nicht die Wahrheit sein müssen.

Dein Ego bekommt wahrscheinlich gerade einen Herzstillstand, weil es diesen Part nur sehr schwer akzeptieren kann, auch wenn es weiß, dass er wahr ist. Ich empfehle dir deswegen, das, was du gerade gelesen hast, einmal in Ruhe zu reflektieren und dir über dich und deine Ziele bewusst zu werden. Denn wenn du es einfach nur liest und nicht anwendest, wird es recht wenig bewirken.

Hier stellt sich wie immer die große Frage: Kennst du oder kannst du? Frag dich also selbst: Warum will ich gerade meine Ziele erreichen? Was empfinde ich gerade nicht und erhoffe es mir dadurch? Habe ich ein schweres Gefühl, wenn ich an die Erreichung denke? Bin ich in selbst gemachten Geschichten über Leid und das Gefühl, ein Opfer zu bringen, gefangen? Gehe ich meinem Ziel diszipliniert nach, ohne in eine Härte zu verfallen?

Also, dass du all das faktisch kannst, steht außer Frage!

Doch ob du es auch in dem momentan (un-)trainierten Zustand so umsetzen kannst oder nicht, darauf kommt es an!

Gehen wir nun, um es noch praktischer anwenden zu können, in einzelne Lebensbereiche und Aspekte deines Lebens hinein.

Kapitel 12.1 – Deine Ziele – Finanzen

Wer wünscht sich das nicht? Dein Bankberater ruft bei dir an, um dir mitzuteilen, dass es ein technisches Problem gibt. Denn es können nicht noch mehr Nullen auf dem Display abgebildet werden, weil so viel Geld auf deinem Konto ist. Doch gleichzeitig haben die meisten Menschen schlichtweg ein richtig schlechtes Moneymindset! Und »schlecht« ist noch sehr positiv formuliert! Diese Gedanken sind dafür verantwortlich, dass wir uns in Bezug auf Geld immer selbst manipulieren. So sparen wir nicht, weil wir uns merkwürdig oder sogar schuldig fühlen, wenn wir mal etwas mehr Geld auf dem Konto haben. Wir investieren nicht, weil wir »Angst haben«. Wir nehmen Geld nicht in der Höhe an, wie wir es annehmen könnten, weil wir uns selbst nicht den Wert zuschreiben. Wir fühlen uns unwohl, wenn es um größere Summen geht etc. pp. Die Kette an Möglichkeiten in deiner Beziehung zu Geld sind ähnlich wie die berühmten Bücher der unendlichen Geschichte: Sie ergeben nicht viel Sinn, sind aber sehr fantasievoll zusammengesetzt.

Ich will an dieser Stelle nicht dein Moneymindset richten, denn das kannst du nur selbst. Zuerst darfst du dir bei diesem Thema eingestehen, dass das Geld, das du gerade besitzt, nichts weiter ist als die logische Konsequenz deiner Gedanken zu diesem Thema. Übernimm also die volle Verantwortung. Denn du hast es bestimmt eben in den Sätzen gemerkt, in denen ich all diese Emotionen in Bezug auf Geld genannt habe. Richtig, du hast nicht einfach irgendwelche Gefühle in Bezug auf Geld, sondern du formulierst Gedanken, die diese Emotionen hervorrufen! Mentale Stärke hilft dir, den Raum zu vergrößern und genau diese Gedanken zu identifizieren. Dabei ist es vollkommen egal, warum du diese Gedanken denkst. Ob du sie von deinen Eltern, Nachbarn, Lehrern oder deinem Partner/deiner Partnerin übernommen hast, ist unerheblich. Wichtig ist nur die Frage: Willst du diese Gedanken und die Resultate beibehalten oder willst du sie ändern? Denn eine trainierte mentale Stärke sorgt dafür, dass du die Möglichkeit bekommst, auch zu diesem Thema bestehende Gedanken und Einstellungen anders zu betrachten. Erinnere dich: Wir zweifeln sehr gern vieles an, das uns begegnet, außer den Dingen, bei denen wir den tiefen Glauben haben, dass sie wahr seien. Und das nur, weil wir den Beweis für diese Gedanken im Außen finden, was aber im Grunde nichts weiter als die logische Konsequenz der Gedanken an erster Stelle war. Das ist ein wunderbarer Geld-Inzucht-Gedanke, der sich selbst bestätigt. Achte ab jetzt immer darauf, wenn du über Geld nachdenkst und Aussagen über Geld triffst. Frag dich stets bei jeder deiner Aussagen: Was sind hier die Fakten? Beim Thema Geld ist es meist tricky, weil unser Ego sehr schnell, und ich meine wirklich sehr schnell, in eine Geschichte abdriften will. Bleib bei den Fakten und lass sie einfach mal wirken, bis sich der Staub der Geschichte etwas gelegt hat und die Klarheit sich in deinem Verstand breitmacht.

Kapitel 12.2 – Deine Ziele – Deine Gesundheit

Letztendlich weißt du, wenn du ganz ehrlich zu dir selbst bist, was gut für dich ist und was nicht. Dir ist vollends bewusst, dass eine Käsepizza weniger gut für deinen Körper und deine Gesundheit ist als ein frischer Salat und etwas Proteinreiches dazu. Du weißt, dass du je nach deiner Körpergröße eine gewisse Menge Wasser pro Tag trinken solltest. Du weißt, dass du mindestens eine konkrete Anzahl von Stunden Schlaf benötigst, um ausgeruht zu sein. Du weißt, dass du mehrfach in der Woche zum Sport gehen und jeden Tag etwas Zeit an der frischen Luft verbringen solltest. Ich muss dir an dieser Stelle keine Unterweisung darin geben, was gut für dich ist. Denn da du dieses Buch gewählt hast, schreibe ich dir eine ordentliche Grundintelligenz zu. Das führt uns zur Frage: Wenn du weißt, was für dich gut ist, warum tust du es dann nicht? Die Antwort haben wir im vorherigen Kapitel schon mit dem Beispiel eines Rauchers und Läufers erkannt. Der Grund besteht in nichts Geringerem als deinen Gedanken; es ist die Art, wie du über dich und diese Dinge denkst. Es geht darum, wie mental stark oder schwach du bist und wie groß oder klein der Raum ist, den du zwischen dem Reiz und deiner Reaktion erschaffen kannst.

Dass eine richtig große Pizza schneller ein »Hell Yeah« hervorrufen kann als ein Salat, kann ich mir denken. Doch die Frage ist, was du mit diesem Gedanken machst? Was tust du, wenn du denkst, wieder nicht zum Sport zu gehen? Was machst du mit dem Gedanken, dass du gern eine fettige Pizza anstatt etwas Gesundem essen willst? Noch einmal: Du weißt, was gut für dich ist! Wenn du aber mental schwach bist, dann entscheidest du dich aktiv dafür, dass es dir und deinem Körper schlecht geht. Versteh mich hier richtig, ich esse auch mal Pizza, trinke auch mal Alkohol oder gehe auch mal einen Tag nur 300 Schritte im Haus. Es geht nicht darum, dass du bei diesen kleinen täglichen Dingen alles immer perfekt machst! Es geht hier um das lange Spiel und dieses lange Spiel wird im Verstand gewonnen. Das passiert nicht, weil du einmal etwas Gutes für deinen Körper getan hast. Wenn es dir gerade körperlich nicht gut geht, dann ist dies auch nicht dadurch entstanden, weil du einmal etwas Schlechtes getan hast, z. B. eine fettige Pizza zu essen.

Damit du deinen Körper optimal bei allem unterstützen kannst, muss die Grundlage in deiner mentalen Stärke gegeben sein. Sie bewirkt, dass du dir nicht wie ein Masochist immer mehr Schaden zufügst und es dann auch noch so betitelst, als würdest du dich für etwas belohnen. Nehmen wir als abstraktes Beispiel, dass jemand jeden Tag, wenn er sehr viel gearbeitet und geleistet hat, abends zu einer gewissen Person geht, die ihm mit voller Kraft mit der Faust ins Gesicht schlägt. Es tut seinem Körper nicht gut. Doch er sagt, dass er sich selbst damit belohnt. In seiner Realität hat er recht! Genauso, wie andere Menschen damit recht haben, dass sie sich mit etwas Ungesundem belohnen. Doch von außen betrachtet wirkt diese Aussage eher wahnsinnig, oder? Wenn du mental stark bist, erlangst du die Freiheit, dich für eine Pizza bewusst zu entscheiden, anstatt dem unbewussten Zwang nachzugehen. Mentale Stärke lässt dich bewusster in Freiheit entscheiden, was du willst, nicht, was du zu brauchen glaubst!

Kapitel 12.3 - Deine Ziele - Deine Beziehungen

»Ja, aber, Jens ... Wenn ich mental stärker werde, was bewirkt es denn bei anderen Menschen? Sie erschaffen doch auch ihre eigene Realität, oder nicht?« Ganz genau! Auch sie nehmen, genau wie du, jeden Tag unzählige Impulse durch ihre Sinne auf. Wenn du z. B. in deiner Familie die Person wirst, die eine besondere mentale Stärke hat, werden andere genau diese Impulse deiner neuen Art ebenfalls aufnehmen. Sie werden dir mehr vertrauen, dich mehr hinzuziehen und noch mehr auf dich bauen. Denn du wirst für sie der Fels in der Brandung. Gleichzeitig wirst du die Beziehungen zu anderen Menschen viel freier und offener führen können. Jede Beziehung, die wir haben, basiert im Grunde auf Geschichten, die wir uns über diesen Menschen erzählen. Oder auf Geschichten darüber, wie wir mit diesem Menschen in Kontakt stehen. Überleg einmal: Der einzige Grund, warum es »fremde Menschen« gibt, ist, dass du keine gemeinsame Geschichte mit diesem Menschen teilst. Selbst wenn diese Geschichte nur beschreiben würde, wie ihr euch kurz an der Supermarktkasse unterhalten habt, würde es diese Person etwas weniger fremd werden lassen als die, mit der du noch keine gemeinsame Geschichte hast. Gleichzeitig wirst du andere durch diese Geschichten immer in einem gewissen Licht sehen. Das bedeutet, du siehst jeden Menschen durch eine Art Filterbrille, die durch die bisherige gemeinsame Geschichte geformt wurde. Dadurch sehen wir ein verzerrtes Bild in unserer erschaffenen Realität, das uns zeigt, wer dieser Mensch scheinbar ist. Du siehst in dem Moment nicht klar und erkennst die Menschen nicht, wie sie jetzt in diesem Moment sind.

Wenn du deine mentale Stärke trainiert hast, gelingt es dir sehr schnell, Menschen und ihre Umstände so zu sehen, wie sie gerade sind, die Fakten zu erkennen und nicht in eine egobehaftete Geschichte abzutauchen. Das ist selbst dann so, wenn es eine gemeinsame Geschichte ist, in der sich diese Person dir gegenüber nicht gut verhalten hat.

Sagen wir einfach, dein Ex hat dich am Ende der Beziehung betrogen. Du hast damals extrem viel Wut und Trauer in dir produziert, doch das ist jetzt bereits ein paar Monate her. Dann triffst du ihn zufällig wieder. Wenn du jetzt unbewusst und nicht mental stark bist, denkst du wieder die gleichen Gedanken wie damals, die in dir die ganze Trauer, Wut etc. hervorgerufen haben. Das bedeutet, in diesem Moment fühlst DU dich erneut schlecht. Nicht dein Ex! Du erschaffst dir einen Gedanken-Emotionen-Kreislauf und machst dir selbst das Leben schwer. Du befindest dich augenblicklich wieder in einer Emotionensuppe, weil du dein Ego im Unbewussten Tausend Gedanken gleichzeitig losschießen lässt, die unterschiedliche emotionale Reaktionen in dir hervorrufen. Besonders stark ist hier der Widerstand gegen das Vergangene mit dem Gedanken: »Das hätte so nicht sein sollen!« Das können wir auf jeden Menschen übertragen, nicht nur auf einen Expartner. Egal welcher Mensch sich dir gegenüber einmal schlecht verhalten hat, es ist immer das gleiche Spiel. Wenn du diese Person später wieder triffst und nicht mental stark bist, dann wiederholst du einfach das, was du das letzte Mal getan hast, und fühlst dich schlecht dabei. Demnach werden deine Beziehungen zu anderen Menschen immer aus der gedanklichen Vergangenheit »belastet« – und du kannst anderen nie so begegnen, wie sie gerade sind.

Vielleicht sagt dein Ego als Rechtfertigung auch so etwas wie: »Ja, aber er hat sich noch nicht entschuldigt, natürlich bin ich noch sauer!« Doch was tust du, wenn er sich nie entschuldigt? Wenn laut der Stimme deines Egos nie Gerechtigkeit durch eine Entschuldigung entstehen wird? Bleibst du dann immer sauer, immer im Groll der Person gegenüber? Denn die einzige Person, die dann für immer im Leid ist, bist nur du, sobald du deine Gedanken im Unbewussten abschweifen lässt, nicht die andere Person. Ich erinnere noch einmal an die sehr schöne Leitfrage: Willst du im Ego recht haben oder glücklich sein? Es geht nicht darum, dass du sagst, du würdest alles vergessen und dass es nicht so schlimm gewesen sei. Du nimmst natürlich aus dieser Situation die Kontraste mit, da du die Fakten ohne Geschichte siehst, und ziehst deine Schlüsse. Doch du musst dich selbst nicht weiter mit der Geschichte belasten, wenn es dir nichts als schadet. Auch hier erlangst du durch mentale Stärke die Freiheit, Menschen so zu begegnen, wie sie sind, ohne dir selbst gegenüber destruktiv zu sein, anstatt aus einer Identifikation mit einer Geschichte dir selbst immer wieder das Leben unfassbar schwer zu machen. Gleichzeitig kannst du aus einer mentalen Stärke heraus die gemeinsame Geschichte so nutzen, wie sie euch beiden dient.

Kapitel 12.4 - Deine Ziele - Dein eigenes Business

Seit Jahren führe ich ein eigenes Business-Mentoring für Menschen, die selbst Coachings, Trainings, Speakings oder ähnliche Dienstleistungen anbieten wollen. Auf dem Markt ist es so, dass wir gefühlt Tausende von Möglichkeiten für den Aufbau unseres eigenen Business aufgezeigt bekommen. Letztendlich scheitert es jedoch bei fast allen immer am Fundament in ihrer mentalen Stärke. Denn in der Regel haben wir nicht vom Kindesalter an beigebracht bekommen, uns ein eigenes Business aufzubauen. Ich habe beispielsweise 2009 mein Abitur auf einem Wirtschaftsgymnasium gemacht und hatte, als ich mit 24 Jahren mein Fitnessstudio eröffnet habe, das erste Mal etwas mit Steuererklärungen, Versicherungen, Verträgen und Ähnlichem zu tun. Obwohl mein Vater, seitdem ich denken kann, ebenfalls selbstständig war und ich dort immer wieder mal etwas mitbekommen hatte, war es dennoch Neuland für mich. In der normalen Laufbahn des Erwachsenwerdens werden wir kein bisschen auf eine Selbstständigkeit vorbereitet.

In all den Jahren mit meinem Business-Mentoring habe immer wieder erlebt, dass das Level an mentaler Stärke der wichtigste Faktor beim Businessaufbau ist! Denn während wir ein eigenes Business aufbauen oder sogar schon länger führen, werden wir ständig mit neuen Umständen und Situationen konfrontiert. Wir müssen uns mit Themen beschäftigen, für die wir vorher nie einen Gedanken aufgewendet haben. Wir dürfen z. B. lernen, entschlossene Entscheidungen zu treffen, auch wenn wir vollkommen im Ungewissen darüber sind, ob es funktionieren wird oder nicht. Dies alles und viel mehr bringt der Aufbau eines Business mit sich! Für jede neue Situation und Frage, die sich vor uns auftut, benötigen wir mentale Stärke, um sie souverän und ohne Selbstmanipulation zu meistern.

Ich beweise dir sogar, dass dies der wichtigste Faktor ist: Wie eben bereits erwähnt, gibt es Tausende von Möglichkeiten, die alle als die eine Lösung angepriesen werden, um das eigene Business aufzubauen. »Diese Methode ist die beste!«, das behaupten zumindest alle von ihrer eigenen. Das bedeutet, es gibt faktisch nicht die eine Vorgehensweise, die am besten funktioniert. Denn bei den meisten Methoden finden sich Beispiele von Menschen, die damit unfassbar erfolgreich werden, und von einigen, die es nicht schaffen. Somit funktionieren die Methoden, wenn mehrere Menschen es bereits damit geschafft haben. Wenn diese Methoden dann bei jemandem nicht funktionieren, liegt es in der Regel daran, dass sie sich auf ihrem Weg durch ihre mentale Schwäche selbst manipuliert und es nicht richtig umgesetzt haben! Und warum? Weil sie mental noch nicht stark genug waren, um den Weg bewusst und kontinuierlich zu gehen. Ihre Gedanken haben sie davon weggebracht und dahingehend manipuliert, dass sie mit ihrer festen Annahme recht behalten werden. Dies ist, wie wir ja wissen, die Aufgabe des Gehirns, wenn wir unbewusst sind, nämlich Dinge so in Ausrichtung zu bringen, dass wir immer mit dem, was wir ganz fest glauben, recht behalten werden. Dein Business wird in deinem Verstand groß oder klein. Der Beweis im Außen ist wie immer lediglich die logische Konsequenz deiner Gedanken! Dieses Phänomen finden wir nicht nur im Coachingsektor, sondern in jedem Bereich, in dem wir ein Business aufbauen wollen.

Kapitel 12.5 – Deine Ziele – Work-Life-Balance und innere Ruhe

Für viele Menschen ist dies eine niemals endende Geschichte, im wahrsten Sinne des Wortes. Denn dass sie aus ihrer »Balance« geraten, ist eine Geschichte, die sie in ihrer eigenen Realität erschaffen. Zuerst einmal dürfen wir uns erneut eine Sache bewusst machen: Dinge im Außen stressen uns nicht, genauso wenig, wie sie uns Druck machen können. Das gilt weder für Deadlines noch für Vorgesetzte oder Partner. Wir stressen uns selbst, durch die Art, wie wir unsere Realität über diese Sinneseindrücke erschaffen, sprich, welche Gedanken wir denken und welche unbewussten Reaktionen wir mit diesen haben. Demnach müssen wir uns erneut eingestehen und die volle Verantwortung dafür übernehmen, dass nichts im Außen wirklich die Macht hat, unseren inneren Zustand zu verändern, wenn wir es nicht zulassen! Demnach könnte man auch sagen, dass du dir zuerst klar darüber werden darfst, selbst der ausschlaggebende Faktor zu sein, der dieses Ungleichgewicht hervorgerufen hat, wenn du dich nach einer besseren Work-Life-Balance sehnst, nichts und niemand sonst. Dadurch ergibt sich auch, dass deine innere Ruhe, nach der du dich sehnst, gerade nur nicht von dir wahrgenommen wird, weil du damit beschäftigt bist, das Gegenteil zu erschaffen. Deine Gedanken produzieren gerade Hektik, Lärm, Druck und Stress in dir.

Vielleicht denkst du jetzt: »Willst du damit sagen, dass die Ruhe immer bei uns ist?« Ganz genau! Wenn du es, wie im vorherigen Kapitel bereits erwähnt, schaffst, mit deinen Gedanken nicht in der Zeit zu sein, also in der Vergangenheit oder Zukunft, sondern dich darin trainierst, den jetzigen Moment voll und ganz wahrzunehmen, hast du in diesem Augenblick wieder den Zugang zur Ruhe und Stille in dir gefunden.

Alles andere, was du vielleicht im Außen tust, etwa dir einen Besuch im Spa zu gönnen, ein Bier oder zehn zu trinken oder eine Woche in den Urlaub zu fliegen – das alles hilft natürlich auch dabei, ein Ventil zu betätigen und dadurch wieder ausgeglichener zu sein. Jedoch ist es auch so, dass du einer Illusion hinterherläufst, nämlich der, dass etwas im Außen für deine innere Unruhe und Dysbalance verantwortlich ist und dass somit auch nur etwas im Außen diese Ruhe und Balance wiederherstellen kann. Ich selbst gehe auch gern ins Spa, trinke mal ein oder mehrere Biere. Aber das mache ich nicht, weil ich es brauche, sondern weil ich will! Aus einer Fülle und Bewusstheit heraus zu handeln, ist der Schlüssel für ein selbstbestimmtes Leben! Aus einem **»Brauchen«** heraus ist es immer ein Mangel und führt zu nichts als Abhängigkeiten, die sich im Laufe deines Lebens wie Ballast in einem großen Rucksack anhäufen. Wir können also zu jedem Zeitpunkt für uns die Ruhe erschaffen, nach der wir uns so sehr sehnen, aber meist leider nur im Außen suchen. Und wie können wir sie zu jedem Zeitpunkt erfahren? Das ist an der Stelle ja kein großes Geheimnis mehr, oder? Richtig! Mit Vanilleeis!

Nein, es ist natürlich mentale Stärke. Ich wollte nur schauen, ob du noch ganz bewusst liest. Bedeutet das, dass du nie wieder aus deiner Balance oder in innere Unruhe gerätst, wenn du mental stark bist? Natürlich nicht. Wir sind ja keine Maschinen. Ich komme auch hin und wieder mal in den Genuss dieses Kontrasts und darf mir durch diese Erfahrung dann wieder bewusst machen, was gerade die Fakten sind. Das bedeutet, ich mache nichts anderes als das, was du in diesem Buch liest! Ich habe einfach durch jahrelanges Training mit diesen Gedanken einen sehr schnellen Zugang zur Klarheit für mich gewonnen.

Das bedeutet, dass es nicht schlimm ist, wenn du doch mal für eine gewisse Zeitspanne die Kontrolle über deine Gedanken verlierst, solange du grundlegend mental stark bist. Denn deine Fähigkeit, wieder klar zu sehen, wird sehr schnell greifen und deine innere Unruhe wird bereits nach wenigen Minuten oder Stunden verflogen sein, statt dass sie dich tage- oder wochenlang begleitet. Denn du erschaffst beide Realitäten, niemand sonst!

Auch in diesem Bereich möchte ich auf die Sprache eingehen, bei der sehr viele Menschen sehr destruktive Worte verwenden. Oft höre ich Sätze wie: »Ich bin so unruhig!« oder »Ich bin total gestresst!« Denk dran, dass alles, was nach »ich bin …« folgt, in deiner Realität definiert und setzt, wer du bist! Und mit beiden Aussagen sagst du, dass du eine Emotion bist, nämlich die Emotionen »Unruhe« und »Stress«. Was ist also eine bessere Formulierung? Sag auch hier einfach, wie es tatsächlich ist: »Ich fühle mich unruhig / Ich fühle eine Unruhe in mir« oder »Ich fühle mich gestresst / Ich fühle Stress in mir«. Beides spricht zwar auch in erster Linie nur die Emotion an und kann Gefahr laufen, dass wir versuchen, mit der Emotion zu arbeiten, anstatt mit dem auslösenden Gedanken. Doch diese Formulierung hilft vorerst einmal, einen gewissen Abstand zu diesem Gefühl aufzubauen, um es klarer sehen zu können. Am akkuratesten wäre die Formulierung: »Ich denke Gedanken, die mich Unruhe fühlen lassen« oder »Ich denke Gedanken, die in mir Stress hervorrufen«. Denn dadurch wird dir direkt bewusst, dass du mit deinen Gedanken der auslösende Faktor bist und nicht irgendein Zustand, den du nicht kontrollieren kannst. Dadurch gelangst du wieder in die bewusste Verantwortung und kannst für dich herausfinden, welche Gedanken du stattdessen denken willst, die eine andere und dir dienlichere Emotion hervorrufen.

Kapitel 12.6 – Deine Ziele – Zu dir selbst und deinem Weg stehen

Eine der wohl häufigsten Aussagen, die Menschen tätigen, wenn sie unglücklich sind, lautet: »Es ist, weil ich nicht ich selbst sein kann und mich ständig verstellen muss.« Dass diese Aussage in sich sehr viel komplexer ist, als es in erster Linie den Anschein macht, ist die eine Sache. Doch grundlegend dürfen wir uns hier auch erst wieder folgende Frage beantworten: Wer übernimmt gerade die Verantwortung? Denn wenn du solch eine Aussage tätigst, dann bist du es in dem Moment nicht! Wenn du dich verstellst, um anderen zu gefallen oder deinen Weg nicht weitergehst, den du dir erträumst, dann hat es meist nur einen Grund. Und dafür dürfen wir wie immer als mental starke Menschen die volle Verantwortung übernehmen. Der Grund besteht darin, dass wir Gedanken denken, die in uns ein Gefühl der Angst hervorrufen. Sei es der Gedanke, dass jemand uns dann nicht mehr mag, uns verlässt, sich langsam aus unserem Leben entfernt oder dass Konflikte entstehen. Das bedeutet, wir erschaffen ein Szenario in unserer eigenen Realität, in dem etwas passieren wird, von dem wir glauben, ihm nicht gewachsen zu sein. Doch ist dir einmal aufgefallen, dass solche Situationen meist nur einen Bruchteil der Intensität aufweisen, die wir uns in unserem Verstand vorher ausgemalt haben, wenn wir uns darin befinden? Ich will dir ein spannendes Beispiel geben. Mit Anfang 20 habe ich zwar auch schon viel Sport gemacht, stand aber Konflikten sehr scheu gegenüber, besonders wenn Fremde involviert waren oder Gefahr bestand, dass es körperliche Auseinandersetzungen geben könnte. Das war niemals etwas, das ich beabsichtigt habe. Bis heute ist es auch im privaten Bereich noch nie dazu gekommen. Doch ich merkte, dass ich oft klein beigab oder nicht zu dem stand, was ich eigentlich glaubte. Ich nehme an, du kennst eine Person, die das auch öfter mal tut. Also habe ich mich dazu entschlossen, zum Boxtraining zu gehen. Da geschah es, dass ich mich unfassbar in diesen Sport verliebte! Als ich dann die ersten Sparrings oder auch meinen ersten Wettkampf hatte und die Deckung fallen ließ, spürte ich direkt die Rechte meines Gegenübers. Natürlich tat es körperlich weh und auch ein Veilchen ist mal mit von der Partie gewesen. Doch dadurch merkte ich eine Sache: Ich bin nicht aus Glas! Selbst wenn einmal so ein Konflikt geschehen sollte, dann passiert nicht wirklich etwas. Klar kann es mal weh tun, doch faktisch passiert gar nicht so unfassbar viel, wenn man einmal getroffen wird. Durch den Boxsport habe ich enorm viel Vertrauen in meinen Körper erlangt.

Zurück zu den Konflikten mit deinen Mitmenschen und zum Grund, warum du nicht zu dir stehst. Konflikte lassen sich in unserem unkontrollierten Verstand mit unglaublich viel Fantasie schrecklich und düster ausmalen. Doch wenn du einen Konflikt einmal ganz bewusst erlebst, dich nicht von deinen egobehafteten Geschichten hast einlullen lassen, dann wirst du eine Sache merken: Es ist gar nicht so schlimm! Ein Konflikt entsteht im Grunde hauptsächlich dadurch, dass zwei oder mehr Parteien eine unterschiedliche Sache beabsichtigen und sich nicht einigen können. Faktisch ist es nicht mehr und nicht weniger!

Die meisten Menschen sind sehr konfliktscheu, weil sie ihre Gedanken nicht unter Kontrolle haben, so wie ich damals auch! Doch wenn du dich in deiner mentalen Stärke trainierst, dann wirst du eine Sache in potenzielle Konflikte einbringen, die viele nicht haben, und zwar Klarheit! Du siehst die Fakten, kannst Geschichten identifizieren und lässt dich nicht von deinem Ego in eine Richtung manipulieren, in die du nicht willst. Mental stark zu sein und keine Gedanken der Angst vor Konflikten zu denken, bedeutet nicht, dass du ab jetzt lachend in jeden Konflikt sehnsüchtig hineinläufst. Es bedeutet lediglich, dass du innere Ruhe hast, weil du weißt, dass dir nichts passieren kann! Und somit kannst du mit einer Gewissheit dir selbst gegenüber deinen Weg weitergehen und auch zu dir und deinen Entscheidungen stehen.

Es gibt ein sehr passendes Sprichwort hierzu: »Es ist besser, ein Krieger in einem Garten zu sein als ein Gärtner im Krieg.«[37] Obwohl es in keiner Weise darauf hindeuten soll, mental stark zu sein bedeute, dass man in den Krieg ziehe, bin ich mir sicher, dass du diese Metapher so verstehst, wie sie gemeint ist.

Kapitel 12.7 – Deine Ziele – Die Veränderungen deines Lebens

Leben bedeutet ständige Veränderung. In einem vorherigen Kapitel haben wir uns bereits angeschaut, dass im Grunde alles aus Energie besteht und diese niemals stillsteht. Somit können wir oder Situationen auch nicht wirklich im Leben stillstehen. Alles ist immer im Fluss der Veränderung. Oft heißt es auch so schön, dass Veränderung die einzige wirkliche Konstante im Universum sei. Nach Kapitel 13 wirst du diese Aussage noch einmal in einem komplett anderen Licht sehen. Doch warum fürchten sich die meisten Menschen vor Veränderungen? Warum halten sie so sehr an dem fest, was ist, auch wenn sie insgeheim wissen, dass es ihnen gegebenenfalls nicht guttut? Wie du es dir vielleicht bereits gedacht hast, hat es auch hier etwas mit der Erschaffung deiner eigenen Realität in deinem Verstand zu tun! Erinnere dich daran, dass dein Ego unzählige Identifikationen aufbaut, die es benutzt, um dein falsches Selbst zu errichten und aufrechtzuerhalten. Doch jede Form und jede Geschichte haben nun mal einen Anfang und somit auch ein Ende. Rein faktisch gesehen ist eine Veränderung, vor der sich viele Menschen fürchten, das Ende einer Geschichte, das Ende einer gewissen Identifikation.

Unser Selbstbild wird von uns im Laufe des Lebens fast immer unbewusst mit diesen Identifikationen erschaffen. Es ist somit stets an etwas aus unserer »Vergangenheit« geheftet. Etwas Neues einzugehen, ist demnach ungewiss. Unser Gehirn mag es gar nicht, wenn es seine Aufgabe auf unbekanntem Terrain erledigen soll. Doch hier ist der Punkt, den wir verstehen müssen: Wenn das Leben selbst ständige Veränderung ist und wir uns aber insgeheim gegen diese Veränderung wehren, verwehren wir uns dann nicht automatisch dem Leben selbst und dem, was es für uns an Möglichkeiten bereithält? Auch wenn es nach einer philosophischen oder sogar spirituellen Frage klingen mag, ist sie so noch nicht einmal gemeint. Wir alle sind Teil des Organismus auf diesem Planeten! Und grundlegend für diesen Organismus ist, dass alles ständig in Bewegung und Veränderung ist. Wenn wir nun also eine absolute Abneigung und einen inneren Widerstand gegen Veränderung haben, dann »kämpfen« wir gegen den Fakt an, der im Fundament das Leben selbst darstellt. Das bedeutet, es wäre ganz schön dämlich, unsere gesamte Energie gegen etwas zu verwenden, das wir nicht einmal ansatzweise aufhalten können. Es ist etwas, bei dem wir in keiner Weise imstande sind, es zu ändern. Und wenn wir es doch könnten, würden wir das Leben selbst bekämpfen. Es ist nun mal eine unausweichliche Grundeigenschaft des Lebens, dass es sich stets verändert und in Bewegung ist. Was können wir also tun, um uns mit Veränderungen leichter zu tun? Oh yes, unsere mentale Stärke erhöhen! Denn wenn wir auch hier die Kontrolle über unsere Gedanken erlangen und unsere eigene Realität formen, dann können wir in Frieden mit diesem unumstößlichen Fakt existieren. Der Teil in dir, der nicht damit einverstanden ist, ist dein Ego! Es geht also wieder einmal darum, dass du für dich die Verantwortung übernimmst und für dich akzeptierst, dass du die Veränderungen nicht aufhalten kannst, so wie es auch niemals deine Aufgabe war, einen Weg zu finden, das überhaupt zu erreichen. Falls du es doch versuchst, ist es einfach nur schädlich für deine innere Ausgeglichenheit und den Frieden in dir. All das entsteht dazu einzig und allein aus deinem falschen Selbst heraus, deinem Ego. Denn es fürchtet sich natürlich, seine geliebten Identifikationen zu verlieren.

Wir Menschen sind durch moderne Technologie extrem gut darin geworden, Dinge zu konservieren. Bilder, Videos, Sprachnachrichten bleiben über Jahrzehnte erhalten. Wir haben uns antrainiert, dass alles, was uns wertvoll erscheint, für später einmal abgespeichert werden kann. Wir vergessen dabei aber einen essenziellen Teil in diesem Gedanken: Das wertvollste, das wir jemals besitzen, ist der jetzige Moment. Denn er ist das Leben selbst. Alles andere sind lediglich elektrisch-biochemische Impulse in deinem Gehirn. Je mehr wir versuchen, für uns Wertvolles zu konservieren, anstatt es voll und ganz im Jetzt zu erfahren, umso leerer fühlen wir uns letztendlich. Denn dann nutzen wir den Moment nicht etwa, um bewusst Veränderung zu leben, sondern dafür, später noch auf die Dinge zugreifen zu können, die uns dann im Jetzt wieder in die faktisch nicht existierende Vergangenheit befördern.

Das bedeutet für dich, du darfst Folgendes tun, wenn du damit beginnen willst, dich mehr auf Veränderungen einzulassen: Werde dir darüber bewusst, was für dich »Leben« wirklich ausmacht.

Ich bin mir sehr sicher, dass du nicht sagen wirst, Leben bedeute für dich, das, was du bis jetzt erlebt hast, bis zum Ende deines Lebens immer wieder durchzukauen. Warum also so vor einer Veränderung Gedanken der Angst und Furcht erzeugen? Übernimm das Ruder und sei dir gewiss, dass du auch mit jeder neuen Situation umgehen können wirst!

Ich habe es dazu eigentlich noch nie erlebt und wirklich nur selten von anderen gehört, dass Dinge tatsächlich schlimmer waren als befürchtet. Meist höre ich Sätze wie: »Ich habe mir so viele Gedanken vorher gemacht ... doch eigentlich war es dann ganz okay.«

Denn wir dürfen uns ins Bewusstsein holen, dass wir verdammt fähig sind! Wir können unfassbar viel. Wenn wir uns jedoch eine Situation in der »Zukunft« ausmalen, glauben wir immer, dass wir uns wie ein Rehkitz ins hohe Gras legen und hoffen müssen, dass sie vorübergeht. Mentale Stärke ist auch hier der Schlüssel, um dem Leben, dem Wandel und der Veränderung stets in einer inneren Ruhe zu begegnen. Sie hilft dabei, immer einen Raum erschaffen zu können, um das Leben selbst wahrzunehmen und das wertvolle Geschenk des jetzigen Moments auszuschöpfen, das heißt, den Moment und die ständige Veränderung in diesem wahrzunehmen, ohne in konzeptionelles Denken zu verfallen.

Kapitel 12.8 - Deine Ziele - Dein unerschütterliches Selbstbewusstsein

Selbstbewusst durchs Leben zu laufen ist der Traum vieler Menschen. Doch schauen wir uns einmal an, was es damit überhaupt auf sich hat und was es tatsächlich bedeutet.

Denn wie du durch dieses Buch nun festgestellt hast, ist das Wort »Selbstbewusstsein« ein Wolkenwort in sich. Wenn ich in einer Runde die anwesenden Personen frage, was es für sie bedeutet, werde ich Antworten hören wie: mutig sein, mir Dinge erlauben, stolz sein, voller Selbstvertrauen sein, Selbstliebe haben, mein eigener bester Freund sein. Wahrscheinlich würde es an dieser Stelle noch Dutzend weitere Beschreibungen geben. Oft höre ich die Definition: sich seiner selbst bewusst zu sein. Das Wort sagt damit selbst aus, was es bedeutet. Genauso, wie das Wort »Flugzeug« sagt, dass es »Zeug ist, das fliegt«.

Doch wenn wir dieser gradlinigen Definition nachgehen: Was bedeutet es denn wirklich, sich seiner selbst bewusst zu sein? Letztendlich beschreibt es die Fähigkeit, dass man sich über seine Gedanken, Emotionen, Werte, Wünsche, Charaktereigenschaften, Motive und Verhaltensweisen bewusst ist. Das bedeutet, dass wir uns bewusst darüber sind, was was ist, d. h., was wir tun und warum. Es geht darum, klar wahrnehmen zu können, was wir denken und fühlen, und mit all dem einen Weg einzuschlagen, den wir frei für uns gewählt haben. Eine selbstbewusste Person ist in der Lage, ihre Gedanken sowie Emotionen zu reflektieren und angemessen für die jeweiligen Situationen zu regulieren.

Wenn wir somit diesen großen Wunsch der meisten Menschen, selbstbewusst zu sein, betrachten und uns die Frage stellen, wie wir dies wirklich effektiv erreichen können, dann ist die Antwort simpel. Es ist die logische Konsequenz einer trainierten mentalen Stärke. Ist dir auch schon einmal aufgefallen, dass du plötzlich dein eigener größter Supporter warst, wenn du dich zwischendurch richtig selbstbewusst gefühlt hast? Am liebsten hättest du dir selbst Autogrammkarten signiert. Und dazu kam, dass es plötzlich vollkommen okay und leicht war, Entscheidungen zu treffen, weil du wusstest, dass du die Konsequenzen daraus tragen kannst. Alles wurde plötzlich klarer und einfacher für dich. Auch wenn es uns in diesen Momenten wie Magie erscheint, hat es weniger was mit Hokuspokus zu tun, sondern ist das Resultat von mentaler Stärke.

Natürlich könnte ich jetzt in diesem Kapitel auf jeden einzelnen winzigen Aspekt unseres Lebens eingehen, bei dem Selbstbewusstsein eine Rolle spielt. Doch nimm dir jetzt stattdessen mal ein paar Minuten und geh für dich einzelne Situationen in deinem Alltag durch, besonders die, in denen du mit anderen Menschen zu tun hast oder mit etwas Neuem konfrontiert wirst. Wenn du glaubst, dass es für dich von Vorteil wäre, in diesen Situationen selbstbewusster zu sein, dann wird es dort im Umkehrschluss auch einen positiven Impact für dich haben, wenn du mental stärker bist!

An dieser Stelle muss ich den Anfangssatz dieses Buches rezitieren: »Mentale Stärke bedeutet die Kontrolle deiner Realität.« Denn solange du in deinem Leben selbst involviert bist, wirst du immer mit deiner mentalen Stärke oder Schwäche dazu beitragen, welche Qualität dein Leben hat. Je größer deine mentale Stärke ist, desto mehr Qualität wirst du im Leben erfahren! Das ist es, was es wirklich bedeutet, ohne Konzepte oder Systeme zu leben. Es bedeutet, genau an dem Punkt anzusetzen, der jeden einzelnen

Aspekt deines Lebens maßgeblich und hauptsächlich beeinflusst, am Ursprung deiner Realität.

Wenn du es schaffst, deine mentale Stärke mithilfe dieses Buches oder des dazugehörigen Onlinekurses (auf den du über den QR-Code nach der Einleitung gelangst) zu erhöhen, wirst du nicht nur kurzfristig bereits massive Unterschiede feststellen, sondern die Weichen für eine vollkommen neue Realität legen! Dies ist kein hohles Motivationsgeschwätz, wie man es leider viel zu häufig hört. Es ist die logische Konsequenz! Es geht im Grunde nicht anders. Denn egal ob du behauptest, dass du ein hochwertiges oder ein weniger hochwertiges Leben hast, in beiden Fällen bist du selbst der ausschlaggebende Faktor. Du bist es, der 24/7 deine eigene Realität erschafft! Das ist die pure Macht der mentalen Stärke!

KAPITEL 13

EIN BLICK IN DIE WELT DER SPIRITUALITÄT

Ja, ich packe auch noch das Thema Spiritualität in dieses Buch hinein. Das ist ein Bereich, in dem es unzählige Experten gibt, die von sich behaupten, besonders spirituell zu sein, was auch immer das bedeuten soll. Du wirst gleich verstehen, was ich damit meine. Ich will dieses Kapitel nicht dafür nutzen, um jegliche feinen Nuancen von Spiritualität zu beleuchten, sondern einen groben Rundumblick zu geben, einige massive Missverständnisse aufzudecken und auch einen Einblick in die fundamentalste Lehre des Universums zu verschaffen.

Es ist nicht meine Absicht, an deine mentale Tür zu klopfen und zu fragen, ob du mit mir über eine Religion sprechen willst. Ich gehöre keinem dieser weltweiten Unternehmen an und will dich demnach auch von nichts überzeugen. Eines meiner Talente ist es einfach, hochkomplexe Dinge auf eine Weise herunterzubrechen, die sie für andere verständlich macht. Und da Spiritualität an sich komplett voll mit Wolkenwörtern ist, entsteht hier unfassbar viel Destruktives, das es einmal aufzuräumen gilt. Alles, was du in diesem Kapitel liest, soll dich demnach nicht zu etwas bekehren, sondern dir eine Möglichkeit aufzeigen, mit diesen Themen mental stark umzugehen! Du brauchst somit keine Shoppinglist erstellen, um alles für dein erstes rituelles Lammopfer bereit zu haben.

Wenn wir viele sehr alte spirituelle Schriften analysieren, dann ergibt sich häufig folgende Erkenntnis: Wir sind als »Menschen« in Wirklichkeit ein Teil des einen Bewusstseins, das in den jeweiligen Körpern eine menschliche Erfahrung macht. Diese ganzen Schriften sind sich also mehr oder weniger einig, dass wir keine Menschen sind, die eine spirituelle Erfahrung machen. Vielmehr sind wir selbst das spirituelle Bewusstsein, das sich durch die menschliche Erfahrung auf Erden seiner selbst bewusst wird. Aus diesem Grund kann ich auch nichts damit anfangen, wenn jemand sagt, dass er besonders spirituell sei. Das ist so, als ob Wasser sagen würde, dass es besonders nass ist. Wenn wir nun dieses Bild verwenden, bedeutet es, dass wir einen Körper benutzen. Dieser Körper beinhaltet Gedanken und Emotionen. Und wir sind das Bewusstsein, das durch diese »Instrumente« das Leben selbst wahrnimmt. Für dieses Bewusstsein wird häufig das Wort »Seele« benutzt.

Gleichzeitig heißt es in allen Schriften, mit denen ich mich bis jetzt beschäftigen durfte, dass unsere Seele eben ein Teil der »Quelle« ist. Hierfür gibt es ebenfalls unzählige Begriffe, sei es Gott, Engel, Urquelle, Allah, Urenergie etc. Hier darfst du dir aussuchen, was für deinen Sprachgebrauch und die Erschaffung deiner Realität am besten geeignet ist.

Bevor ich jetzt mit dem Wort »Gott« weitermache, muss ich einmal klarstellen, dass dieser Begriff für mich rein gar nichts mit einer bestimmten Religion zu tun hat. Doch ich verwende es jetzt im Folgenden, da ich denke, dass die meisten mit diesem Begriff etwas anfangen können. Wenn wir uns nun überlegen, dass unsere Seele als unser wahrer Kern ein Teil von Gott ist, dann wird einiges klar. Denn dann können wir sagen, dass wir selbst Gott sind, der oder das alles erschaffen hat. Unsere schöpferische Kraft im Hier und Jetzt wäre damit erklärt. Es zeigt auf, warum wir die Fähigkeit besitzen, Gedanken zu manifestieren, also sichtbar werden zu lassen. Es würde erklären, warum wir immer recht behalten mit dem, was wir glauben. Denn da es universell, wie wir bereits wissen, keine Bewertungen gibt, wird nur durch unseren Fokus zu etwas hin mehr von etwas erschaffen. Das Leben selbst hat nicht den Plan, ein 78-stöckiges Hochhaus zu bauen oder etwas zu entwickeln, mit dem wir um die Erde fliegen können. Nein, es ist unsere Entscheidung, durch die wir mit unserer schöpferischen Energie das erschaffen, was wir wollen. Denn schau dich erneut um. Alles, was du gerade um dich herum siehst – es sei denn, du bist mitten in der wilden Natur –, war einst der Gedanke eines Menschen und wurde dann realisiert bzw. manifestiert. Wir sind die Schöpfer, die diese Welt gestalten. Und wir sind laut den alten Schriften hier, um uns durch all die Erfahrungen unserer selbst bewusst zu werden. Das ist zumindest die logischste Erklärung, die ich in all diesen Texten finden und aus ihnen ziehen konnte.

Doch das führt uns auch zu einigen Punkten, bei denen die spirituelle und Persönlichkeitsentwicklungsszene etwas Unfug treiben. Schauen wir uns einmal die Aussage an, die sogar in der klassischen Therapie genutzt wird: »eine seelische Verletzung«. Ich hatte bereits in vorherigen Kapiteln angedeutet, dass wir uns noch einmal mit dieser Aussage befassen werden. Es war mir aber wichtig, dass wir zuerst vollends verstehen, wie wir Realität erschaffen. Denn sonst wäre das Behandeln dieser Aussage wahrscheinlich auf sehr viel Widerstand gestoßen.

Ich möchte, dass du dir eine Sache bewusst machst. Wenn wir davon ausgehen, dass wir eine Seele sind, die im Grunde ein Teil von Gott/der Urquelle ist, dann müssen wir uns auch bewusst machen, dass genau diese Seele in uns ein Teil von dem ist, was alles erschaffen hat! Und jetzt sagen wir, dass diese Seele verletzt sei, wenn jemand etwas Schockierendes erlebt oder böse Worte an den Kopf geworfen bekommen hat? Also noch mal: Wir maßen uns an, zu behaupten, dass die Kraft, die aus spiritueller Sicht alles, was existiert, erschaffen hat, verletzt werden kann, weil etwas in dieser menschlichen Erfahrung passiert ist, das universell gesehen noch nicht einmal eine Bewertung hat? In dieser unbewussten und von Ego gesteuerten, verwirrten Handhabung glauben wir also, dass wir als ein Teil Gottes genau diesen Teil mit etwas verletzen könnten, das wir selbst erschaffen haben?

Es klingt einfach unfassbar schön dramatisch zu sagen, dass wir seelisch verletzt seien oder unser inneres Kind seelisch verletzt sein soll. Ein Karneval an Wolkenformulierungen streift durch die Straßen und niemand kann sie greifen.

Aber was passiert, wenn wir diese Formulierungen nutzen? Wir glauben sehr stark, dass wir etwas seien, das wir nicht sind, und etwas unseren wahren Kern verletzen könnte. Und wir sind überzeugt, dass wir unsere Seele »heilen« müssen. Doch wenn unsere Seele ein Teil von Gott bzw. der Urquelle ist, dann muss sie nicht geheilt werden, denn sie kann schlichtweg nicht verletzt werden! Das, was »verletzt« werden kann, ist unser Ego, das vorgibt, so etwas wie Gott zu sein, während es auf dem Thron der unrechtmäßigen Regentschaft sitzt. Und wie wir mit unserem Ego, dem daraus entstehenden »falschen Selbst« und den Identifikationen umgehen, wissen wir nun bestens! Ich will dir wie gesagt nichts aufzwingen. Ich bin jedoch nach jahrelanger Analyse von religiösen und spirituellen Schriften und unzähligen philosophischen Gedankengängen davon überzeugt, dass das die Version ist, die vollkommen rund und stimmig ist und in sich harmoniert.

Und selbst wenn all dies nicht so sein sollte, dann will ich dir trotzdem eine Sache bewusst machen: Diese Betrachtungsweise unserer Seele und schöpferischen Kraft sorgt für eine besondere Sache. Sie bringt uns in eine machtvolle Position, durch die wir das Gefühl erlangen, unser Leben nach eigenem Ermessen selbst gestalten zu können. So entsteht das Gefühl, dass wir Veränderungen bewirken und damit das Leben erfahren können, wie wir es erfahren wollen. Wie du es dir vielleicht bereits gedacht hast, ist diese Position immer einer Sichtweise vorzuziehen, in der wir uns als Opfer von irgendetwas sehen. Denk daran: Egal, was du dir in deiner Realität erzählst, du wirst in deiner Illusion immer recht behalten! Aus dieser spirituellen Perspektive heraus ist auch dies ein Teil des Prozesses, in dem wir uns als Seele unserer selbst bewusst werden. Doch du bist hier, um zu erschaffen und die Dinge zu kreieren, die du kreieren willst! Deine Worte haben eine Wirkung auf deine Realität. Doch die meisten Menschen verwenden diese Kraft schlichtweg sehr destruktiv, weil sie die Kontrolle ihrer eigenen Gedanken nie richtig trainiert haben.

Das führt uns zum fundamentalsten Gesetz in diesem Universum, das Hand in Hand mit diesem gesamten Buch geht. Es ist das Gesetz der Anziehung. Leider ist das Ansehen dieses Gesetzes in den letzten Jahrzehnten etwas in Verruf geraten, da viele es komplett missbraucht haben. Mit Steinen unrhythmisch klatschend setzen sie sich in einen Kreis und glauben, dass Rituale und passives Herumsitzen ihnen ihr Traumleben manifestiert.

Lass uns aufschlüsseln, was es ist und was es dir bringen wird, wenn du beginnst, bewusst mit diesem Gesetz zu arbeiten. Was besagt das Gesetz der Anziehung? Es sagt schlichtweg, dass sich Energie auf gleicher Frequenz anzieht. Um eine einfache Metapher dafür zu nutzen: Wenn du durch die Straßen einer Stadt gehst, dann siehst du dort Gruppen von Menschen, die zusammenstehen. Hier erblickst du ein paar Jugendliche, die Kappen aufhaben, dort ein paar Obdachlose, da eine Gruppe Frauen, die alle schick gekleidet sind. An anderer Stelle siehst du eine Runde von Männern und Frauen in Anzügen. Sie alle haben die gleichen Interessen oder eine Überschneidung in einem Lebensbereich. Deswegen stehen sie zusammen. Sie teilen wahrscheinlich auch die gleichen oder ähnliche Werte, verstehen sich deswegen auf mehreren Ebenen und fühlen sich zugehörig. Sie haben alle die »gleiche Energie« und fühlen sich aus diesem Grund in der Gegenwart der anderen wohl. Man könnte sagen, es harmoniert. Das ist vergleichbar damit, wie du Tauben gemeinsam fliegen siehst und nicht eine Taube, einen Adler, eine Möwe und einen Spatz.

Ich weiß, der Vergleich hinkt an ein paar Stellen, doch es ist eine Metapher und Metaphern sind selten perfekt. Aber was bedeutet das für uns? Du denkst vielleicht beispielsweise im Lebensbereich der Finanzen ständig Gedanken der Sorge und der Angst. Wenn du ständig in einer gewissen Panik bist, dass du zu wenig Geld hast, dann nimmst du schlichtweg diese Energie an. Und das Gesetz der Anziehung antwortet auf jede deiner ausgesendeten Energien mit einer einzigen Sache: »Alles klar, mehr davon!«[38] Es wird niemals mit dir diskutieren oder dich verbessern. Es sagt immer, aber wirklich immer nur diese eine Sache. Das bewirkt, dass du verstärkt mit Menschen und Situationen in Kontakt gelangst, die auf der gleichen Energie sind wie du selbst, wenn du durch dein Leben läufst. Ich bin mir sicher, du hast es bereits mehr als einmal in deinem Leben erlebt, dass du häufig an etwas gedacht hast und es ist plötzlich genauso eingetroffen, im Grunde ohne Vorwarnung. Oder du hast an eine Person gedacht, die du seit Jahren nicht mehr gesehen oder gesprochen hast und plötzlich erhältst du von dieser eine Textnachricht. Man nennt das in der Szene »Manifestieren«. Wobei das, wie bereits erklärt, im Grunde nichts anderes bedeutet als »Dinge sichtbar machen« bzw. zu materialisieren. Auch sind Emotionen sichtbar gemachte Gedanken. Diese Gedanken aus dem Feinstofflichen manifestieren sich zu emotionalen Cocktails im Grobstofflichen, die wir unter einem guten Mikroskop beobachten können.

Ich habe früher viele Seminare zu genau diesem Thema abgehalten, eine große Community mit Tausenden Menschen geleitet und kann dir unzählige Beispiele dazu nennen, wie dieses Gesetz wirkt. Doch letztendlich wird es für dich eine Theorie bleiben, bis zu dem Punkt, an dem du es selbst erlebst. Dabei ist egal, ob es um Geld, Beziehungen, Businessdeals, Reisen oder Autos geht. Ich glaube, es gibt nichts, was ich nicht schon bei meinen Teilnehmern oder mir selbst erlebt habe. Um dir ein Beispiel zu geben: Ich hatte eine Coachingkundin mit der ich heute immer noch gut befreundet bin. Nova hatte seit vielen Jahren immer von einem blauen Haus am Meer geträumt. Sie erzählte sich immer wieder, wie schön ein blaues Haus am Meer wäre, in dem sie jeden Tag lesen und die frische Brise erleben könnte. Eines Tages erhielt sie von ihrer Mutter ein Bild aus einem Kalender mit einem blauen Haus. Das Haus auf dem Bild war für Nova perfekt. Genauso stellte sie sich ihr blaues Haus vor. Einige Zeit verging und irgendwann entschloss sie sich, eine kurze Auszeit am Meer zu nehmen. Sie buchte sich online eine Reise an einen Ort, den sie bereits seit Langem besuchen wollte, weil es dort so schön sein sollte. Sie war noch nie an diesem Ort und wusste sonst auch nicht viel darüber. Eines Tages ging sie am Meer spazieren und sah zu ihrer absoluten Überraschung ein blaues Haus. Dieses stand sogar zum Verkauf, allerdings für einen siebenstelligen Betrag. Sie machte Bilder und erfreute sich, dass sie ein blaues Haus am Meer gefunden hat. Als sie einige Tage später wieder daheim war und die Bilder durchblickte, erkannte sie, dass es nicht nur irgendein blaues Haus am

Meer war. Es handelte sich um jenes blaue Haus, dessen Bild aus dem Kalender ihr ihre Mutter geschickt hatte, das seit Jahren an ihrer Pinnwand hing und jeden Tag von ihr angeschaut wurde. Sie schickte mir direkt eine Nachricht und konnte nicht fassen, dass sie sich diese Erfahrung manifestiert hatte. Ich meine, wie groß ist die Wahrscheinlichkeit, dass sie von allen Küsten der Welt zu dem Strand fährt, an dem genau dieses blaue Haus aus dem Bild steht?

Dies ist wie gesagt nur eine von unzähligen Geschichten, die ich dir erzählen könnte. An der Stelle ist einfach wichtig zu verstehen, dass das Gesetz der Anziehung immer wirkt! Genauso, wie die Schwerkraft immer wirkt oder wir durch unsere Gedanken immer unsere Realität erschaffen und damit eine gewisse Energie ausstrahlen. Wenn du demnach nun die Kontrolle über deine Gedanken erlangst, einen Zustand, zu dem dich dieses Buch auf all den Seiten geführt hat, dann wirst du dieses universelle Gesetz auch ideal für dich nutzen können. Denn du bist der Schöpfer deiner eigenen Realität. Du erschaffst das, was dich umgibt, und zwar immer und zu jeder Zeit. Und genauso wirkt auch das Gesetz der Anziehung immer und zu jeder Zeit.

An dieser Stelle höre ich sehr häufig Aussagen wie: »Aber Jens, ich hatte mir diese große Rechnung nicht gewünscht und ich wollte sie definitiv nicht haben!« Das glaube ich dir auch direkt und zu 100 Prozent. Doch stell dir das Gesetz der Anziehung wie einen Concierge vor, der taub, blind und stumm ist. Er steht dir rund um die Uhr zur Seite und kann nur deine Wünsche aufnehmen, die du mit deiner Energie aussendest. Dieser Concierge bringt dir dann genau dies. Ob du es eigentlich willst oder nicht, das ist egal. Exakt so wirkt das Gesetz der Anziehung. Wenn du beispielsweise immer sagst, dass du mehr Geld willst, aber weil du »Angst davor hast«, zu wenig zu haben, denkst du primär Gedanken der Angst und nicht Gedanken der Fülle und Freude über dieses Thema. Die Energie deiner Grundintention sagt in dem Moment eher aus: Ich will nicht, dass ich kein Geld habe!

Das Gesetz der Anziehung antwortet: »Alles klar, mehr davon, ›kein Geld zu haben‹!« Denn Verneinungen existieren universell gesehen nicht. Es gibt nur unseren Fokus zu etwas hin und dieser Fokus erschafft durch unsere schöpferische Kraft mit dem Gesetz der Anziehung mehr davon!

Bist du beispielsweise in deinem Selbstbild jemand, der generell immer knapp bei Kasse ist und somit Geldprobleme hat, dann ist dies dein Selbstbild, das durch deine Sprache immer weiter gefestigt wurde bzw. immer noch wird. Du kannst dann natürlich von dir behaupten, dass du Geld verdienen willst. Doch du wirst, um immer recht zu behalten, dich in diesem Selbstbild natürlich wieder durch Manipulation bestätigen. Denn das ist die Aufgabe deines Gehirns! Und das Gesetz der Anziehung bringt dir zusätzlich Faktoren, die für dich der unumstößliche Beweis für die Richtigkeit der Gedanken sind.

Kapitel 13.1 – Von Tun und Sein

Erinnere dich, wie ich in einem vorherigen Kapitel gesagt habe, dass du dich mehr über eine Verb-Formulierung als eine gesetzte Nomen-Formulierung beschreiben sollst. Denn wenn du sagst, dass du jemand bist, bei dem Dinge nun mal auf eine bestimmte Art und Weise sind, ist dies in deiner Realität für dich genauso fix gesetzt. Beschreibst du dich aber in einer Verb-Formulierung so, dass du z. B. gerade der ausschlaggebende Faktor bist, erlangst du wieder die Kontrolle und kannst klarsehen. Das, was du mit deinen Worten trainierst, über dich zu sagen, wirst du zwangsläufig werden! Das kann für dich dienlich, aber auch sehr schädlich sein. In beiden Fällen ist es deine Realität, die von dir allein erschaffen wird.

Lass uns noch einen weitreichenderen Blick darauf werfen, warum es sinnvoll ist, dich mit Verben zu beschreiben, anstatt mit Nomen. Was ist ein Organismus? Grob gesagt ist es ist ein Zusammenspiel, bei dem viele Mitwirkende mit ihrem Tun ineinandergreifen, um etwas Größeres zu bewirken. Schauen wir uns unseren Körper an. Er verfügt über unzählige Zellen, die sich ständig erneuern. Im Grunde werden jeder Knochen, jedes Organ, deine Haut und Muskeln ständig erneuert oder zerfallen und werden abgebaut. Auch wenn du davon nichts mitbekommst, haben sich in den letzten Sekunden Hunderttausende Zellen in deinem Körper erneuert. Das bedeutet, dass das, was wir z. B. als solide und stabile Knochen ansehen, nichts weiter ist als eine Ansammlung an Zellen, die ständig in Bewegung sind. Nur durch ihr Zusammenwirken vermitteln sie uns das Bild und die Eigenschaften eines Knochens. Diese Zellen sind demnach die ganze Zeit in Bewegung und im Tun, nicht in einem gesetzten Stillstand. Das gilt auch für alle anderen Zellen deines Körpers. Sie entstehen durch die Luft, die du atmest, die Nahrung, die du zu dir nimmst und was du sonst noch so mit deinem Körper anstellst. Also ist dein Körper etwas, das die gesamte Zeit in Aktion ist. Und genauso ist dein Alltag ständig begleitet von deinem Tun und deinem Verhalten. Du bist jederzeit in Bewegung und sei es nur, dass dein Herz ständig schlägt, du immer atmest oder denkst. Wenn du es also genau betrachtest, kannst du somit gar kein Nomen sein, sondern nur eine Ansammlung unzähliger Verben. Bleib gedanklich bei mir, gleich ergibt es noch mehr Sinn!

Dies trifft sogar zu, wenn wir etwas wie einen Berg anschauen, der nicht den Anschein macht, dass er überhaupt etwas tut. Wenn wir Steine unter einem sehr starken Mikroskop betrachten, dann sehen wir hier ebenfalls, dass die Atome ständig in Bewegung sind. Sie bewegen sich viel weniger als beispielsweise im Wasser, dennoch ist auch hier immer alles in Bewegung. Darum könnten wir sagen, dass ein Fels etwas ist, das durchgehend »härtelt«. Mir ist bewusst, dass es dieses Wort so nicht gibt, jedoch wäre dies eine mögliche akkurate Betrachtungsweise. Für den gewöhnlichen tagtäglichen Sprachgebrauch würde man diesen Begriff selbstverständlich nicht verwenden, aber dies ist ja auch kein gewöhnliches Buch. Das bedeutet: Alles ist immer irgendwie in Aktion und wirkt nur durch die Anzahl an »Mitwirkenden«, die mit diesem Tun ein bestimmtes Resultat erzielen, letztendlich wie ein Nomen auf uns. Etwas, das nun einmal so ist, wie es ist. Doch faktisch ist alles eine Ansammlung an Aktionen.

Zoomen wir noch einmal etwas mehr heraus und betrachten unsere Welt. Wir verwenden im Sprachgebrauch Aussagen wie: »Und dann bin ich auf diese Welt gekommen.« Doch rein faktisch sind wir nicht auf diese Welt gekommen, sondern wurden aus dieser Welt heraus geboren. Wir sind im Grunde das Ergebnis von unzähligen Einflüssen in diesem Universum. Schauen wir uns z. B. die Mineralien an, die wir über die Nahrung aufnehmen und die uns helfen, am Leben zu bleiben. Das sind zum Großteil die Mineralien, die irgendwann einmal durch den Zerfall eines anderen Planeten auf unsere Erde gekommen sind.

Ich will damit ausdrücken, dass unser gesamter Organismus im Körper grundlegend nicht anders ist als der Organismus der Welt oder des gesamten Universums. Wir sind alle ständig im Tun, in Bewegung und bewirken mit diesem Tun, dass das Leben an sich weiterwirken kann. Aus dieser eher philosophischen Betrachtungsweise erklärt sich auch, dass wir kein fixes Nomen sein können, da das unserer Natur der ständigen Veränderung entgegensteht. Wenn wir solche Nomen jedoch unbewusst einnehmen, beginnt unser Ego liebend gern, sie als Identifikation zu nutzen. Somit entsteht unser »falsches Selbst«.

Wo wir gerade dabei sind, das große Gesamtbild zu betrachten, muss ich noch einen Gedanken der spirituellen und der Persönlichkeitsentwicklungsszene klären, den ich in einem vorherigen Kapitel bereits angekündigt habe. Ich habe irgendwann aufgehört mitzuzählen, wie oft ich diesen Satz bzw. seine Variation schon gehört habe: »Das Universum testet mich!« oder »Das Leben testet mich!« Oft folgt hier der Zusatz: »Solange, bis ich meine Lektion gelernt habe.« Wenn wir nun für uns erkennen, dass wir das Leben an sich bzw. Universum selbst sind, ja, wenn wir nun erkennen, dass wir nicht getrennt von allem, sondern wir selbst die Schöpfer von all dem sind: Können wir dann wirklich behaupten, dass wir getestet werden? Es ist nichts weiter als eine Ausrede für eine nicht ausreichende Kontrolle über die eigenen Gedanken und die Energie, die wir damit ausstrahlen. Hier wird gern die Verantwortung an eine »höhere Instanz« abgegeben. Doch faktisch sind es nur die logischen Konsequenzen unserer Manifestationen.

Wenn du einen Apfelbaum siehst, dann sagst du: »Das ist ein Apfelbaum.« Du sagst nicht: »Das ist Holz. Und das sind Blätter. Und das sind Äpfel.« Du weißt, dass die Blätter und Äpfel der Baum selbst sind. Es sind lediglich einzelne visuell unterschiedliche Teile, die im ständigen Tun eine unterschiedliche Funktion haben. Ebenso sind wir nicht vom Leben oder vom Universum getrennt, sondern wir sind es selbst! Wir sind der Teil des Universums, der in diesem Organismus eine bestimmte Aufgabe erfüllt. Warum sollte das Universum oder das Leben uns dann testen? Warum sollte ein Apfelbaum einen Apfel testen und schauen, ob er es wirklich will oder dazu bereit ist? Es ist tatsächlich eher so, dass die meisten Menschen durch ihre Unbewusstheit und nicht vorhandene Fähigkeit der mentalen Stärke für sich Umstände und Situationen erschaffen, die konträr zu dem stehen, was sie eigentlich wollen. Anstatt nun die Verantwortung zu übernehmen, sagen sie, dass sie getestet werden.

Denn wenn wir die Metapher nehmen, sind wir zwar »einfach« ein Apfel am Apfelbaum, jedoch haben wir als manifestiertes Bewusstsein die Fähigkeit, unsere Realität und Erfahrung selbst zu bestimmen. Aus diesem Grund ist es unerlässlich, dass wir uns durchgehend aktiv für unsere mentale Stärke entscheiden und sie weiter trainieren, um diese Macht auch vollends auskosten zu können.

Mir ist bewusst, wie das klingen mag. Ein ganzes Buch, in dem die menschliche Psyche rational unfassbar krass auseinandergenommen wurde – und jetzt so etwas Spirituelles. Vielleicht fragst du dich auch: »Seele, Energie, irgendein Gesetz und Apfelbäume, was soll ich denn jetzt damit anfangen?«

Ich habe all das nur aus einem Grund in dieses Buch aufgenommen, und zwar, weil ich weiß, dass es viele Menschen gibt, die einen tieferen Sinn hinter all dem suchen. Auch wenn dieses Buch nicht die Aufgabe hat, diese Suche für sie zu beenden, indem es die Antwort gibt, war es mir wichtig, es mit den Vorteilen der mentalen Stärke und einer klaren Sicht auf die Dinge zu betrachten. Dies ebnet den Weg, um eine machtvolle und gestärkte Position einzunehmen und das eigene Leben zu gestalten. Stell dir erneut folgende Fragen: Was wäre, wenn es wirklich stimmt? Was wäre, wenn all das aus dem Buch, das sinnvoll klingt, wirklich so passiert? Was würde dies für dich und dein Leben bedeuten? Welche Kraft, welche Energie und Power könntest du damit für dich entwickeln und beginnen, dein Leben nach deinen Vorstellungen zu formen?

Mit diesem Kapitel will ich dir alles andere als irgendwelche Dogmen auferlegen, sondern eine simple und logische Herangehensweise an die Spiritualität aufzeigen. Das bietet eine Möglichkeit für die Betrachtung eines Themas, bei dem viele für sich noch keinen Ansatz gefunden haben.

Mit dieser möglichen Art soll ganz einfach ein Weg aufgezeigt werden, mit dem du für dich eine Orientierung finden kannst. Doch wie bei allem bitte ich dich, mir nicht einfach blindlings zu glauben! Denk selbst darüber nach! Lass es wirken, versuch, dich ohne einen inneren Widerstand gegenüber dieser gesamten Thematik zu öffnen und schau, wie es dir ergeht, wenn du einfach annimmst, es wäre alles genauso. Das, was du in diesem Kapitel gelesen hast, ist eine ganz flüchtige und grobe Zusammenfassung aus den Schriften, welche die Menschheit seit Jahrhunderten begleiten.

SCHLUSSWORT

Das hier ist nun der Punkt, an dem man etwas richtig Episches schreiben sollte, das lange im Gedächtnis bleibt, oder? Weißt du noch, als du zu Beginn des Buches gelesen hast, was passieren könnte, wenn dich jemand fragt, was passiert sei, weil es auf einmal anscheinend immer mehr bei dir »läuft« und du in dir ruhst? Und dass du dann einfach lächeln und ihnen dieses Buch empfehlen sollst? Ich denke, nachdem du dieses Buch durchgelesen hast, verstehst du den Grund. Es ist eine vollkommen andere Herangehensweise, als die meisten es dir raten. Es ist der Weg, der auf den ersten Blick etwas komplex und gleichzeitig abstrakt erscheint. Doch je mehr du dich mit deiner eigenen mentalen Stärke und der Erschaffung deiner Realität befasst, umso mehr erkennst du, dass es im Grunde alles andere als komplex und abstrakt ist. Du siehst, dass es nur so wirkt, weil wir unser Leben lang damit beschäftigt waren, Illusionen und Konstrukte um uns herum aufzubauen, die uns einfach nur weiter von unserer wahren Natur entfernt haben. Das ist die Natur eines Schöpfers, der seine eigene Realität und somit sein eigenes Leben bewusst gestalten kann.

Falls du dir noch nicht den Zugang zum Onlinekurs zu diesem Buch gesichert hast, dann hol es jetzt noch nach. Dort dringen wir noch weiter in die Tiefen deiner Psyche ein.

Ich hoffe, du hast durch dieses Buch eine Sache deutlicher für dich mitgenommen als alles andere, nämlich dass mentale Stärke die Kontrolle über deine Realität bedeutet. Und je größer deine mentale Stärke ist, desto mehr Qualität wirst du in deinem Leben erfahren!

Du bist nicht hier, um dich mit Dingen zufriedenzugeben, die du nicht willst.
Du bist hier, um zu erschaffen.
Du bist hier, um dir deine eigene Realität zu kreieren.
Du bist hier, um gemeinsam mit anderen etwas aufzubauen, das dich abends mit einem Lächeln einschlafen und morgens genauso aufwachen lässt.
Du besitzt bereits grundlegend die Fähigkeit, dir in deinem Leben genau das zu erschaffen, was du schon immer wolltest!
Und du besitzt bereits die Macht, deine Realität nach deinen eigenen Vorstellungen zu erschaffen. Trainiere sie. Nutze sie. Und hör nie damit auf, die Verantwortung und Kontrolle über dein Leben in deine Hände zu nehmen.

Wir können nun abschließend das letzte Puzzlestück in die Lücke einfügen und sehen, wie sich ein Bild mit einem großgeschriebenen Satz erkennen lässt. Dieser Satz darf ein Mantra für dich werden, das dich immer wieder an die Wahrheit erinnert. Der Satz lautet: »I create my own reality.«

ÜBER DEN AUTOR

Jens Heuchemer, geboren 1990 in Rüdesheim am Rhein, ist als Coach, Trainer und Speaker bekannt für die Verbindung von mentaler Stärke, Businessaufbau und effektiver Persönlichkeitsentwicklung. Bereits im Alter von 19 Jahren absolvierte er nach dem Abitur seine erste Ausbildung zum Coach und Trainer und erforscht seitdem kontinuierlich die tiefen Aspekte von Spiritualität und Persönlichkeitsentwicklung. Seit 2014 ist er selbstständig tätig und hat bereits tausende Menschen coachen und begleiten dürfen.

Im Jahr 2024 gründete er die »Creators Academy«, die innovative Programme zum Businessaufbau, zur mentalen Stärke und Resilienz bietet. Jens legt besonderen Wert darauf, die Macht der eigenen Gedanken hervorzuheben, um bei seinen Teilnehmern außergewöhnliche Ergebnisse zu erzielen. Er war im Fernsehen und im Radio präsent und wird von Firmen im In- und Ausland für Trainings und Keynotes gebucht. Neben seinen Seminaren und Trainings liebt er es, um die Welt zu reisen und neue Kulturen kennenzulernen. In seinem Alltag ist Leichtigkeit sein oberster Wert, der sich in all seinen Handlungen widerspiegelt. Sein Motto lautet: Es gibt keinen Grund, außerhalb einer Box zu denken, denn es gibt keine Box.

QUELLENANGABEN

[1] Leitspruch der Creators Academy von Jens Heuchemer.

[2] Horn, Andreas/Ostwald, Dirk/Reisert, Marco/Blankenburg, Felix (2013): The structural-functional connectome and the default mode network of the human brain, NeuroImage. DOI: 10.1016/j.neuroimage.2013.09.069.

Max-Planck-Gesellschaft (2014): Brain on autopilot: How the architecture of the brain shapes its functioning, ScienceDaily. ScienceDaily, 16 January 2014. Online verfügbar unter: www.sciencedaily.com/releases/2014/01/140116113506.htm [Zugriff am: 15.05.24].

[3] Wu Tsai Neurosciences Institute (2024): »Reality« is constructed by your brain. Here's what that means, and why it matters, Stanford University. Online verfügbar unter: https://neuroscience.stanford.edu/news/reality-constructed-your-brain-heres-what-means-and-why-it-matters [Zugriff am: 15.05.24].

[4] Bild von der Plattform 9gag.

[5] Wittgenstein, Ludwig (1921): Tractatus Logico-Philosophicus, 1. Auflage, Kegan Paul, Trench, Trubner & Co., Ltd., London.

[6] Siehe Endnote 5.

[7] Angebliches Zitat von Konfuzius, ohne Quellenangabe.

[8] »Jenny« aus dem Film »Forrest Gump« (1994) von Robert Zemeckis, Paramount Pictures, USA.

[9] Tolle, Eckhart (2000): Jetzt! Die Kraft der Gegenwart, Kamphausen Media GmbH, Bielefeld. Erstausgabe: Tolle, Eckhart (1997): The Power of Now – A Guide to Spiritual Enlightenment, 1st edition, Namaste Publishing, Vancouver.

[10] Stanford Solar Center (o. J.): What is the speed of the Solar System? Online verfügbar unter: https://solar-center.stanford.edu/FAQ/Qsolsysspeed.html [Zugriff am: 08.03.24].

[11] Fincher, David (1999): Fight Club, 20th Century Fox, USA.

[12] Siehe Quellenverweis 9.

[13] Angebliches Zitat von Hippocrates, ohne Quellenangaben.

[14] Bodhi, Bhikkhu (Übers.) (2000): The Connected Discourses of the Buddha: A Translation of the Samyutta Nikaya, Wisdom Publications, Boston.

[15] Watts, Alan (2015): Out of Your Mind - Essential Listening from the Alan Watts Audio Archives, Sounds True, o. O.

[16] Kornfield, Jack (1994): Buddha's Little Instruction Book, Bantam Books, o. O.

[17] The Vintage News (2017): https://www.thevintagenews.com/2017/01/23/in-ancient-rome-a-slave-would-continuously-whisper-remember-you-are-mortal-in-the-ears-of-victorious-generals-as-they-were-paraded-through-the-streets-after-coming-home-triumphant-from-battle/[Zugriff am: 15.05.24].

[18] Hicks, Esther/Hicks, Jerry (2015): Ein neuer Anfang: Das Handbuch zum Erschaffen deiner Wirklichkeit, übersetzt von Manfred Miethe, Penguin Random House Verlagsgruppe GmbH, o. O.

[19] Frankl, Viktor E. (2018): … trotzdem Ja zum Leben sagen: Ein Psychologe erlebt das Konzentrationslager, Penguin, o. O., ISBN: 3328102779. Erstausgabe von 1946.

[20] Angebliches Zitat von Pythagoras, ohne Quellenangabe.

[21] Siehe Quellenverweis 8.

[22] Bolte Taylor, Jill, Dr. (2020): The 90-Second Rule That Builds Self-Control, Psychology Today, online verfügbar unter: https://www.psychologytoday.com/intl/blog/the-right-mindset/202004/the-90-second-rule-builds-self-control [Zugriff am: 06.03.24].

[23] Siehe Quellenverweis 9.

[24] Siehe Quellenverweis 19.

[25] Siehe Quellenverweis 5.

[26] Carrey, Jim (2017): Interview auf dem Kanal TIFF Originals, online verfügbar unter: https://www.youtube.com/watch?v=LMnrH1CN4oc [Zugriff am: 06.03.24].

[27] Siehe Quellenverweis 5.

[28] Jung, C. G. (1951): Aion: Researches into the Phenomenology of the Self, Collected Works of C. G. Jung, Volume 9, Part 2, Princeton University Press, Princeton, NJ.

[29] Gesundheit.gv.at (2024): Trauma: Symptome. Online verfügbar unter: https://www.gesundheit.gv.at/krankheiten/psyche/trauma/symptome.html [Zugriff am: 15.05.24].

[30] Wikipedia Contributors (2024): Barnum Effect, Wikipedia, The Free Encyclopedia. Letzte Änderung am: 11. April 2024. Online verfügbar unter: https://en.wikipedia.org/wiki/Barnum_effect [Zugriff am: 15.05.24].

[31] Loftus, E. F./Palmer, J. C. (1974): Reconstruction of automobile destruction: An example of the interaction between language and memory, Journal of Verbal Learning and Verbal Behavior, 13, 585-589.

[32] Heuchemer, Jens (2022): Your Answer.: Eine Geschichte über die Magie des Lebens, Remote Verlag, o. O., ISBN: 1955655324.

[33] Suzuki, Daisetz T. (1958): Die große Befreiung: Einführung in den Zen-Buddhismus, Rascher Verlag, Zürich-Stuttgart.

[34] Watts, Alan (1977): The Essence of Alan Watts, Celestial Arts Publishing.

[35] Lok, Dan (2016): The Invisible Force – self-image – enables you to achieve great goals, [Video], TEDx Talks. Online verfügbar unter: https://www.youtube.com/watch?v=C5dyGh3oMVQ&t=696s [Zugriff am: 15.05.24].

[36] Siehe Quellenverweis 7.

[37] Traditionelles Sprichwort (oft fälschlicherweise klassischen Texten wie Sun Tzu zugeschrieben): »Es ist besser, ein Krieger in einem Garten zu sein als ein Gärtner im Krieg.« Quelle: Niels Bohrmann Order of Man, Foliar Garden.

[38] Signature-Aussage von Jens Heuchemer bei Vorträgen über das Gesetz der Anziehung.